Gottes Plan für dich

This edition published by Harrison House, Inc. Tulsa, Oklahoma, USA.
Originally published in English under the title **Discover the Joy of Being the Person God made you to be** by Joyce Meyer.

Joyce Meyer Ministries
P.O. Box 761001
22060 Hamburg
www.joyce-meyer.de
Tel: 040 / 88 88 41 11

ISBN 3-939627-07-0
978-3-939627-07-4

Bestellungen bitte an oben stehende Adresse richten

1. Auflage, November 2006

Alle Bibelzitate wurden, wenn nicht anderweitig gekennzeichnet, der Revidierten Elberfelder Bibel, R. Brockhaus Verlag Wuppertal, Ausgabe 1992, entnommen. Manche Bibelzitate enthalten Klammern. In diesen Klammern wurden zusätzliche Informationen der Amplified Bible übersetzt und zur Verdeutlichung der Inhalte hinzugefügt.

Vereinzelt wurden Bibelstellen der Amplified Bible entnommen und aus dem Englischen übersetzt. The Amplified Bible, Old Testament copyright © 1965, 1987 by Zondervan Corporation. The Amplified New Testament, copyright © 1954, 1958, 1987 by Lockman Foundation.

Übersetzung: Esther Dymel-Sohl
Umschlag: Andreas Zehnder und Johannes Schubert
Satz: Satz & Medien Wieser, Stolberg
Druck: Ebner & Spiegel, Ulm

Gottes Plan für dich

Entdecke die Möglichkeiten

JOYCE MEYER

Inhalt

Selbstannahme

Dein Leben wird erst dann wahre Erfüllung finden, wenn du es schaffst, du selbst zu sein. Vergleiche dich nicht mit anderen. Konzentriere dich darauf, dein eigenes Potential voll auszuschöpfen.

Gottes Wort für dich

Epheser 3,17

Durch den Glauben wohne [lasse sich nieder, verweile, schlage seinen festen Wohnsitz auf] Christus in euren Herzen! Seid in der Liebe tief verwurzelt und fest auf sie gegründet (Übersetzung der Amplified Bible).

eins

Selbstannahme

Im Verlauf meines Dienstes habe ich die Entdeckung gemacht, dass die meisten Menschen sich selbst nicht wirklich mögen. Das ist ein großes Problem, viel größer sogar, als man annehmen möchte. Es ist ganz sicher nicht Gottes Wille, dass seine Kinder sich so fühlen, sondern eher ein Versuch Satans, uns zu vernichten.

Wenn wir mit uns selbst nicht gut auskommen, kommen wir auch mit anderen Menschen nicht gut aus. Wenn wir uns selbst ablehnen, haben wir oft den Eindruck, von anderen abgelehnt zu werden. Beziehungen sind für unser Leben sehr wichtig. Ob wir in unserem Leben und in unseren Beziehungen erfolgreich sind, hängt maßgeblich davon ab, wie wir zu uns selbst stehen.

Unser Selbstbild reflektiert das innere Bild, das wir von uns haben. Wenn das, was wir sehen, nicht gesund ist und nicht mit der Bibel übereinstimmt, leiden wir unter Furcht und Unsicherheit und haben falsche Vorstellungen von uns selbst. Jahrelang hat dies mein eigenes Leben zerstört.

Gott ist ein Gott der Herzen. Er sieht unser Herz und nicht nur die äußere Schale, in der wir leben (das Fleisch), die uns scheinbar so viel Not bereitet. Es war nie in Gottes Plan, dass wir uns schlecht fühlen, wenn wir uns selbst betrachten. Unser Vater im Himmel möchte, dass wir uns selbst kennen und uns trotzdem genau so annehmen, wie er uns annimmt.

Jesus kam, um unser Leben wiederherzustellen.
Er kam auch, um uns wieder ein gesundes
und ausgewogenes Selbstbild zu geben.

Gottes Wort für dich

1. Mose 1,31

Und Gott sah alles, was er gemacht hatte, und siehe, es war sehr gut. Und es wurde Abend, und es wurde Morgen: der sechste Tag.

Die Wurzel der Ablehnung

Ablehnung ist wie ein kleiner Same, der aufgrund von verschiedenen Dingen, die uns passieren, in unser Leben gesät wird. Der Teufel will jedoch nicht nur einen Samen der Ablehnung säen, sondern er setzt ihn so tief, dass er tief im Inneren Wurzeln schlägt und kleine Wurzelausläufer bildet. Schließlich wächst nach einer Zeit aus diesen Wurzeln und Wurzelausläufern ein Baum.

Die Wurzeln deines Baumes bestimmen die Frucht in deinem Leben – gute oder schlechte. Wenn deine Wurzeln sich in Ablehnung, Missbrauch, Scham, Schuld oder einem minderwertigen Selbstbild gründen, wenn du verwurzelt bist in dem Gedanken »Etwas stimmt nicht mit mir!«, dann wird dein »Baum« Depression, Pessimismus, fehlendes Selbstvertrauen, Ärger, Feindseligkeiten, den Wunsch nach Kontrolle, Verurteilungen, Empfindlichkeiten, Hass und Selbstmitleid hervorbringen. Das führt dazu, dass du dann zu dir selbst sagst: »Mein wahres Ich ist unerträglich. Deshalb tue ich so, als ob ich jemand anders wäre!«

Alle ungeordneten Bereiche deines Lebens können durch Jesus und sein Werk am Kreuz wieder geordnet werden. So war es bei mir, und das kann Gott auch bei dir tun. Glaube es! Gib dich nicht mit Unfreiheiten zufrieden, sondern strebe danach, wirklich frei zu sein!

Es gibt eine gute Nachricht für dich:
Du kannst frei werden von der Macht
der Ablehnung!

Gottes Wort für dich

Römer 5,5

… denn die Liebe Gottes ist ausgegossen in unsere Herzen durch den Heiligen Geist, der uns gegeben worden ist.

Gottgewollte Selbstliebe

In der Bibel lesen wir, dass die Liebe Gottes ausgegossen ist in unsere Herzen. Dies ist durch den Heiligen Geist geschehen, der uns gegeben worden ist. Wenn also der Herr durch den Heiligen Geist in unserem Herzen Wohnung macht, weil wir an seinen Sohn Jesus Christus glauben, so bringt er gleich die Liebe mit, denn Gott ist Liebe (1. Johannes 4,8).

Wir sollten uns alle einmal fragen, was wir eigentlich mit dieser Liebe machen, die Gott uns so freigebig geschenkt hat. Lehnen wir sie ab, weil wir uns selbst für nicht liebenswert halten? Glauben wir, dass Gott genauso ist wie die anderen Menschen, die uns abgelehnt und verletzt haben? Oder lassen wir seine Liebe zu und glauben ihm, dass er größer ist als unser Versagen und unsere Schwachheiten?

Wir sollten uns selbst lieben. Nicht auf eine selbstsüchtige und egozentrische Art, die zu einem maßlosen Lebensstil führt, sondern in einer ausgeglichenen und gottgewollten Weise, die bestätigt, dass Gottes Schöpfung im Grunde gut und richtig war.

Dies ist Gottes Plan: Er möchte, dass wir seine Liebe empfangen und uns selbst lieben, so wie er uns liebt. Er will, dass wir seine Liebe erwidern und auch die Menschen lieben, denen wir begegnen.

Wenn Gott sich uns mit seiner Liebe zuwendet, möchte er einen Kreislauf der Liebe herstellen, der uns und vielen anderen zum Segen sein wird.

Gottes Wort für dich:

2. Samuel 9,6-8

Da kam Mefi-Boschet, der Sohn Jonatans, des Sohnes Sauls, zu David und fiel auf sein Angesicht und warf sich nieder. Und David sagte: Mefi-Boschet! Er sagte: Siehe, dein Knecht. Und David sagte zu ihm: Fürchte dich nicht! Denn ich will nur Gnade an dir erweisen um deines Vaters Jonatan willen, und ich will dir alle Felder deines Vaters [Großvaters] Saul zurückgeben; du aber sollst ständig an meinem Tisch das Brot essen. Da warf er [der Krüppel] sich nieder und sagte: Was ist dein Knecht, dass du dich einem toten Hund zugewandt hast, wie ich einer bin?

Das Selbstbild eines toten Hundes

Mefi-Boschet war das Enkelkind des Königs Saul und Jonathans Sohn, der seine Freundschaft zu David mit einem Bund besiegelt hatte. Mefi-Boschet wurde in seiner Jugend zum Krüppel. Dadurch hielt er von sich selbst nur wenig und empfand sich selbst so nutzlos wie einen toten Hund. Anstatt sich selbst als den rechtmäßigen Erben der Hinterlassenschaften seines Vaters und seines Großvaters zu betrachten, hielt er sich für jemanden, der abgelehnt wird.

Als David nach Mefi-Boschet schickte, fiel dieser zu Füßen des Königs und zeigte Furcht. David forderte ihn auf, keine Angst zu haben. Er wolle ihm gerne seine Gnade erweisen. Die Antwort Mefi-Boschets ist beispielhaft und zeigt uns ein armseliges Selbstbild, das wir alle überwinden müssen.

Ein geringes Selbstverständnis lässt uns ängstlich und nicht aus Glauben handeln. Wir konzentrieren uns auf unsere Unzulänglichkeiten, anstatt darauf zu schauen, was mit Jesus alles möglich ist. Er hat unsere Verkehrtheit genommen und uns seine Gerechtigkeit gegeben (2. Korinther 5,21). Wir sollten diese Wahrheit in unserem Leben Realität werden lassen.

Ich liebe das Ende der Geschichte. David segnete Mefi-Boschet um Jonathans willen. Er gab ihm Diener und Land und sorgte für sein Wohlergehen.

Ich vergleiche Mefi-Boschets Lähmung mit unseren Schwachheiten. Wir können auch Gemeinschaft mit unserem König Jesus haben und gemeinsam mit ihm essen – trotz unserer Fehler und Schwächen.

Es besteht ein Bund zwischen Gott und uns,
der durch das Blut Jesu versiegelt und gültig ist.

Gottes Wort für dich:

4. Mose 13,33

… auch haben wir dort die Riesen gesehen, die Söhne Enaks von den Riesen; und wir waren in unseren Augen wie Heuschrecken, und so waren wir auch in ihren Augen.

FÜHLST DU DICH WIE EINE HEUSCHRECKE?

Wir lesen in 4. Mose 13, dass Mose zwölf Kundschafter in das Verheißene Land aussandte, die in Erfahrung bringen sollten, ob es ein gutes oder schlechtes Land war. Zehn von ihnen kamen mit einem »bösen Gerücht« (4. Mose 13,32) zurück. Die zwölf Kundschafter berichteten Mose: »Das Land ist gut, doch es gibt Riesen dort!«

Die Angst vor den Riesen hielt Gottes Volk davon ab, das Land, das er ihnen zugesagt und versprochen hatte, einzunehmen. Doch in Wirklichkeit waren es nicht die Riesen, von denen das Volk besiegt wurde, sondern das armselige Bild, das sie von sich selbst hatten. Sie sahen nur die Riesen und schauten nicht auf Gott.

Josua und Kaleb waren die Einzigen, die eine richtige Einstellung dem Land gegenüber an den Tag legten. Sie sagten zu Mose und dem Volk: »Lasst uns hinaufziehen und das Land einnehmen, denn wir können es überwältigen« (4. Mose 13,30 - Luther). Am Ende gewährte Gott es nur den beiden, in das Verheißene Land zu gehen.

Gott hatte für alle Israeliten eine wunderbare Zukunft geplant, doch für keinen von ihnen wurde sie Wirklichkeit. Nur die beiden, die sowohl Gott als auch sich selbst gegenüber die richtige Einstellung hatten, durften diese Zukunft erleben.

Gott hat dir gegenüber keine ablehnende Grundhaltung. Also lehne dich selbst auch nicht ab!

Gottes Wort für dich:

Jeremia 29,11

Denn ich kenne ja die Gedanken [und Pläne], die ich über euch denke, spricht der Herr, Gedanken [und Pläne des Wohlergehens und] des Friedens und nicht zum Unheil, um euch Zukunft und Hoffnung zu gewähren.

GOTT HAT EINEN PLAN

Wenn du nur ein schwaches Selbstbewusstsein hast, hat das deine Vergangenheit bereits nachteilig beeinflusst. Doch dies kann geändert werden. Erlaube nicht, dass sich deine Vergangenheit wiederholt. Lass los, was hinter dir liegt. Auch die negativen Gedanken, die du über dich hattest. Strebe nach den guten Dingen, die Gott für dich bereit hat.

Gott hat einen guten Plan und eine Bestimmung für jeden von uns. Er weiß, wann und wie beides in unserem Leben realisiert werden soll. Doch nicht alle von uns erleben es. Häufig leben wir weit unter dem Standard, den Gott eigentlich für uns vorgesehen hat.

Jahrelang machte ich keinen Gebrauch von meinen Rechten und Privilegien, die ich als Kind Gottes habe. Obwohl ich bereits Christ war und auch glaubte, dass ich bei meinem Tod eines Tages in den Himmel kommen würde, so wusste ich doch nicht, dass irgendetwas an meiner Vergangenheit, Gegenwart oder Zukunft verändert werden könnte. Ich hatte ein schwaches Selbstbild und dies beeinflusste meinen Alltag und meine Zukunftsaussichten.

Nimm Gottes Liebe für dich an und lass diese Liebe Grundlage sein, dich selbst zu lieben und anzunehmen. Erlebe, wie er dich bestätigt, und wisse, dass du dich veränderst und so wirst, wie er dich haben möchte. Beginne dich selbst zu mögen, da wo du bist, auf dem Weg zur geistlichen Reife.

Lass Gott den Gott deines Lebens sein.
Übergib ihm die Kontrolle. Er weiß, was er tut.

Gottes Wort für dich:

Epheser 2,10

Denn wir sind sein [eigenes] Gebilde [seine handwerkliche Arbeit], in Christus Jesus geschaffen [wiedergeboren] zu guten Werken, die Gott zuvor bereitet [geplant] hat, damit wir [die Wege gehen, die er zuvor bereitet hat] in ihnen wandeln sollen [und ein wohlgefälliges Leben leben, dass er für uns zuvor bereitet und bereitgestellt hat].

Du hast die Wahl!

Wenn wir uns selbst ablehnen, verändern wir uns nicht. Im Grunde werden unsere Probleme nur noch größer. Wenn wir uns annehmen, schauen wir der Realität ins Auge und lernen, damit umzugehen. Wir können uns nur dann mit etwas auseinandersetzen, wenn wir uns nicht mehr weigern, es anzunehmen oder es als Realität zu betrachten.

Gott hat uns eine wunderbare Gabe gegeben, unseren freien Willen. Gott gibt uns die Möglichkeit, uns so anzunehmen, wie wir sind. Doch wir haben einen freien Willen und können uns entscheiden, uns selbst abzulehnen. Wenn wir etwas annehmen, betrachten wir es als etwas Normales, Gewöhnliches und Richtiges.

Menschen, die sich selbst ablehnen, denken, dass etwas mit ihnen nicht stimmt. Sie sehen nur ihre Mängel und Schwachheit und nicht ihre eigene Schönheit und Kraft. Diese Einstellung sich selbst gegenüber ist einseitig und stammt vermutlich von Autoritätspersonen, die in der Vergangenheit nur das gesehen haben, was schwach und falsch, und nicht, was stark und richtig war.

In Amos 3,3 lesen wir: »Gehen etwa zwei miteinander, außer sie haben sich verabredet und geeinigt?« (Einheitsübersetzung). Wenn wir mit Gott gehen, müssen wir uns mit ihm einigen. Er sagt, er liebt uns und nimmt uns an. Wenn wir nun mit ihm übereinstimmen, können wir uns nicht länger hassen und uns ablehnen.

Wir müssen mit Gott übereinstimmen,
dass wir als seine Geschöpfe wirklich gelungen sind.

Gottes Wort für dich:

Hebräer 12,6-7

Denn welchen der Herr liebhat, den züchtigt er, und er straft einen jeglichen Sohn, den er aufnimmt. Gott erzieht euch, wenn ihr dulden müsst! Als seinen Kindern begegnet euch Gott; denn wo ist ein Sohn, den der Vater nicht züchtigt? (Luther)

Veränderung durch Selbstannahme

Vielleicht war es für dich bisher ein Kampf, dich selbst anzunehmen. Du kennst die Bereiche in deinem Leben genau, die verändert werden müssen. Du möchtest wie Jesus sein. Und doch ist es für dich sehr schwer zu sagen: »Ich nehme mich selbst an.« Du denkst, dass du dann auch all das Schlechte in deinem Leben annehmen müsstest, wenn du so etwas sagen würdest. Aber darum geht es nicht.

Ein Veränderungsprozess kann erst dann beginnen, wenn das Thema der Selbstannahme in unserem persönlichen Leben abgehandelt ist. Wenn wir wirklich glauben, dass Gott uns bedingungslos so liebt, wie wir sind, sind wir bereit, seine Korrekturen anzunehmen.

Korrektur ist die Voraussetzung von Veränderung. Menschen, die nicht wissen, dass sie geliebt sind, fällt es schwer, Korrekturen anzunehmen. Wenn uns Gott verändern soll, muss er uns korrigieren. Es ist wichtig, sich bewusst zu machen, dass seine Korrekturen, die wir erkennen und befürworten, uns letztendlich die Veränderungen bringen, die wir in unserem Leben brauchen. Sonst machen sie uns nur ärgerlich und wir fühlen uns verdammt.

Wir müssen ihm vertrauen, wenn wir geistlich wachsen und verändert werden wollen. Oft führt er uns Wege, die wir nicht verstehen. Gerade in diesen Zeiten sollten wir an seiner Liebe zu uns festhalten.

Sei geduldig mit dir selbst. Geh deinen Weg und glaube, dass du dich Tag für Tag veränderst.

Gottes Wort für dich:

Römer 12,2

Und seid nicht gleichförmig dieser Welt [diesem Zeitalter, gestaltet und angepasst an die äußeren und oberflächlichen Gebräuche], sondern werdet verwandelt [verändert] durch die [gesamte] Erneuerung des Sinnes [durch die neuen Ideale und eure neue Einstellung], dass ihr [für euch selbst] prüfen mögt, was der [gute und wohlgefällige und vollkommene] Wille Gottes ist: das Gute und Wohlgefällige und Vollkommene [aus seiner Sicht für euch].

»WIE KANN ICH MICH VERÄNDERN?«

Wir verändern uns nicht durch Kämpfe, menschliche Anstrengungen ohne Gottes Hilfe, Frustrationen, Selbsthass, Ablehnung der eigenen Person, Schuldgefühle oder Werke des Fleisches.

Veränderungen greifen erst in unserem Leben, wenn wir unsere Gedanken durch das Wort Gottes erneuern lassen. Wenn wir wirklich glauben, dass Gottes Worte wahr sind, und uns mit ihm eins machen, wird sich dies ganz allmählich in unserem Leben verfestigen. Wir werden anfangen, anders zu denken, dann anders reden und letztendlich auch anders handeln. Dieser Prozess findet stufenweise statt. Daher sollten wir im Verlauf immer die Einstellung bewahren: »Ich bin in Ordnung, ich bin auf dem Wege!«

Freu dich über dich selbst im Verlauf dieser Veränderung. Erfreu dich an dem Weg, den du gehst. Genieße die Reise! Verschwende nicht dein »Jetzt«, indem du ständig versuchst, schon in der Zukunft zu leben. »Bedenke, der morgige Tag hat seine eigenen Sorgen« (Matthäus 6,34 - Einheitsübersetzung).

Entspann dich. Lass Gott Gott sein. Sei nicht mehr so streng zu dir. Veränderung ist ein Prozess. Alles geschieht nach und nach.

Wir können zu Jesus kommen, wie wir sind.
Er nimmt uns so, wie wir sind, und macht uns so,
wie wir sein sollen.

Heilung für nachhaltig beschädigte Gefühle

Jesus sehnt sich danach, unsere zerbrochenen Herzen zu heilen und uns mit seiner Liebe zu überschütten.

Gottes Wort für dich:

Jesaja 61,1-3

Der Geist des Herrn, HERRN, ist auf mir, denn der Herr hat mich gesalbt. Er hat mich gesandt, den Elenden frohe Botschaft zu bringen, zu verbinden [und zu heilen], die gebrochenen Herzens sind, Freilassung auszurufen den [körperlich und geistlich] Gefangenen und Öffnung des Kerkers den Gebundenen, [Römer 10,15], auszurufen das Gnadenjahr des Herrn und den Tag der Rache für unseren Gott, zu trösten alle Trauernden, [Matthäus 11,2-6; Lukas 4,18-19; 7,22] den Trauernden Zions Frieden [und Freude], ihnen Kopfschmuck statt Asche zu geben, Freudenöl statt Trauer, ein Ruhmesgewand statt eines verzagten Geistes, damit sie Terebinthen der Gerechtigkeit genannt werden [hochaufragend, stark und prunkvoll, ausgezeichnet durch Geradheit, Gerechtigkeit und mit Gott im Reinen], eine Pflanzung des Herrn, dass er sich durch sie verherrlicht.

zwei

HEILUNG FÜR NACHHALTIG BESCHÄDIGTE GEFÜHLE

Es ist notwendig, das Thema der Heilung der Gefühle, die auch oft als innere Heilung bezeichnet wird, in biblischem Zusammenhang und nicht einseitig zu betrachten, um gottgewollte Resultate zu erzielen. Unser inneres Leben ist viel wichtiger als unser äußeres Leben. In 2. Korinther 4,16 sagt der Apostel Paulus: Während der äußere Mensch immer weiter abnimmt und verfällt, wird doch der innere Tag für Tag erneuert. In Römer 14,17 lesen wir, dass das Reich Gottes nicht Essen und Trinken (also äußere Dinge) ist, sondern Gerechtigkeit, Friede und Freude im Heiligen Geist. Und in Lukas 17,21 steht geschrieben, dass das Reich Gottes in dir ist.

Von frühester Kindheit an, seit ich mich erinnern kann, bis zu meinem achtzehnten Lebensjahr, als ich endlich von zu Hause auszog, wurde ich sexuell, körperlich, verbal und gefühlsmäßig missbraucht. Ich wurde abgelehnt, verlassen und betrogen. Auch ich saß lange Zeit in einem »emotionalen Gefängnis«. Doch Gott heilte und verwandelte mich durch seine Liebe. Und er wird für dich das Gleiche tun!

In Jesaja 61 spricht der Herr, dass er kam, um die zu heilen, die zerbrochenen Herzens sind. Ich glaube, er meint die, die innerlich zerbrochen und verwundet sind. Jesus möchte uns durch die Kraft des Heiligen Geistes aus dieser emotionalen Zerstörung herausführen und uns innerlich gesund und heil machen.

Wo auch immer du gerade geistlich oder emotional stehst, Gott wird dich genau da abholen, wo du bist.

Gottes Wort für dich:

Philipper 1,6

Ich bin ebenso in guter Zuversicht, dass der, welcher ein gutes Werk in euch angefangen hat, es vollenden wird bis auf den Tag Christi Jesu [bis er wiederkommt, der dieses gute Werk weiter entfaltet, vervollständigt und zur vollständigen Vollendung in euch führt].

Schritt für Schritt

Immer, wenn ich über die Heilung von emotionalen Wunden spreche, halte ich verschiedenfarbige Schnürsenkel in die Höhe, die verknotet sind. Ich sage den Zuhörern: »Dies seid ihr, wenn ihr den Transformationsprozess mit Gott beginnt. Alles ist verknotet. Jeder Knoten steht für ein anderes Problem in eurem Leben. Es wird einige Zeit und Anstrengung brauchen, bis diese Knoten gelöst und die Probleme bereinigt sind. Daher sei nicht entmutigt, wenn nicht alles sofort geschieht.«

Wenn du emotional geheilt und ganzheitlich wiederhergestellt werden möchtest, bedenke, dass Heilung immer ein Prozess ist. Der Herr wird sich auf seine Art und zu seiner Zeit deiner Person und deiner Probleme annehmen. Lass ihm den Raum dafür. Es liegt an dir, mit ihm zusammenzuarbeiten und ihn in dem Bereich arbeiten zu lassen, mit dem er beginnen möchte.

In unserer modernen und schnelllebigen Gesellschaft erwarten wir alles immer sofort und ohne Anstrengung. Der Herr hat es nie eilig und er gibt auch niemals auf. Manchmal scheint es so, als ob du keinerlei Fortschritte machtest. Doch in dieser Zeit öffnet Gott einen Knoten nach dem anderen. Es mag ein schwerer und langwieriger Prozess sein, doch wenn du dran bleibst, wirst du früher oder später den Sieg haben und die Freiheit erleben, die du dir so lange erträumt hast.

Gott möchte, dass du glaubst und dran bleibst.

Gottes Wort für dich:

Hebräer 4,15

Wir haben ja nicht einen Hohenpriester, der kein Mitgefühl und Verständnis mit unserer Schwäche und unseren Schwachheiten haben könnte, sondern einen, der in allem wie wir in Versuchung geführt worden ist, aber nicht gesündigt hat. (Einheitsübersetzung)

JESUS UND EMOTIONEN

Der Verfasser des Hebräerbriefes schreibt, dass Jesus jede Art von Emotionen kennt und genauso gelitten hat wie du und ich. Und doch sündigte er nicht dabei. Er sündigte nicht, weil er seinen falschen Gefühlen nicht nachgegeben hat. Er kannte das Wort Gottes in jedem Lebensbereich, weil er es vor Beginn seines Dienstes jahrelang studiert hatte. Wir beide, du und ich, werden nie »Nein« zu unseren Gefühlen sagen können, wenn wir Gottes Wort nicht wirklich verinnerlicht haben.

Wenn jemand mich verletzt und ich ärgerlich und aufgebracht bin, bete ich: »Jesus, ich bin so froh, dass du genau verstehst, wie ich mich gerade fühle. Du verurteilst mich nicht für meine Gefühle. Doch ich möchte diesen Gefühlen nicht nachgeben. Hilf mir, denen zu vergeben, die mich ungerecht behandelt haben. Ich möchte sie nicht beleidigen, meiden oder ihnen zurückzahlen, was sie mir angetan haben.«

Gott möchte, dass wir empfindsamer werden für die Gefühle und Bedürfnisse anderer und weniger empfindlich auf unsere eigenen Gefühle und Bedürfnisse reagieren. Er möchte, dass wir uns selbst in seine Hand legen, damit er sich um uns kümmern kann, während wir uns darin üben, anderen Menschen freundlich und mitfühlend zu begegnen.

Lass deine Gefühle dir dienen und verschwende nicht dein Leben, indem du deinen Gefühlen dienst.

GOTTES WORT FÜR DICH:

1. KORINTHER 10,13

Keine Versuchung [keine Prüfung, die zur Sünde verlockt, ganz gleich, woher sie kommt und wohin sie führt] hat euch ergriffen als nur eine menschliche [das bedeutet: keine Versuchung oder Prüfung hat dich ergriffen, die über die menschliche Widerstandskraft hinausgeht, die nicht zu den menschlichen Erfahrungen dazugehört und ihnen angepasst ist, und nur solche, die der Mensch ertragen kann]; Gott aber ist treu [seinem Wort und seiner mitfühlenden Natur], der nicht zulassen wird [darauf kann man vertrauen], dass ihr über euer Vermögen versucht werdet, sondern mit der Versuchung auch [immer] den Ausgang schaffen wird [die Fluchtmöglichkeit zu einem Anlegeplatz], so dass ihr sie [geduldig] ertragen könnt.

SIEG DURCH LEID!

Auf dem Weg von emotionalen Störungen zur Heilung kann der Schmerz des Heilungsprozesses traumatischer sein als irgendein körperlicher Schmerz. Auch dann, wenn der Heilige Geist uns führt. Ich musste so starke emotionale Schmerzen erleiden, dass ich sie kaum noch ertragen konnte. Ich suchte Heilung durch die Führung des Heiligen Geistes. Und doch verstand ich nicht, warum dieser Prozess so schmerzhaft sein musste. Der Herr zeigte mir, dass jedes schmerzvolle Ereignis oder jede Situation, durch die ich hatte gehen müssen (sei es sexueller Missbrauch zu Hause, Verspottungen in der Schule, ständige Angst), sich wie ein neuer Eingang für Schmerz auftat.

Der Herr zeigte mir, dass ich mich hinter vielen »Schmerzenstüren« versteckt hatte. Ich war tief verstrickt in Bindungen, suchte Zuflucht bei den falschen Personen, hinter Fassaden und Täuschungen. Ich begann zu verstehen, dass die Menschen, die aus Bindungen in die Freiheit geführt werden, ihre Türen des Schmerzes noch einmal passieren müssen, um auf die andere Seite zu kommen. Sie gehen also durch die Emotionen, die diese Erlebnisse hervorgerufen haben. Das bedeutet nicht, dass sie die Ereignisse selbst, wie z. B. Missbrauch, sondern nur die entstandenen Gefühle noch einmal erleben. Der Herr befreit und heilt uns, indem er uns so leitet, dass wir den Themen, den Menschen und den Wahrheiten gegenüberstehen, denen wir selbst, wenn wir auf uns allein gestellt wären, nur schwer oder auch gar nicht ins Gesicht schauen könnten.

Vergiss nicht, dass Gott nur die Versuchungen in deinem Leben zulässt, die du auch tragen kannst.

Gottes Wort für dich:

Johannes 5,5-6

Es war aber ein Mensch dort, der achtunddreißig Jahre mit seiner [schweren und langwierigen] Krankheit behaftet war. Als Jesus diesen [hilflos] daliegen sah und wusste, dass es schon lange Zeit so mit ihm war, spricht er zu ihm: Willst du gesund werden? [Ist es dir ernst damit, dass du gesund werden willst?]

MÖCHTEST DU GESUND WERDEN?

Ist es nicht erstaunlich, dass Jesus diesem armen Mann, der achtunddreißig Jahre lang krank war, solch eine Frage stellt: »Willst du wirklich gesund werden?«? Diese Frage stellt der Herr jedem von uns.

Wusstest du, dass es Menschen gibt, die nicht gesund werden wollen? Sie möchten nur über ihre Probleme reden. Gehörst du zu diesen Menschen? Möchtest du wirklich gesund werden oder möchtest du nur über deine Probleme reden? Manche Menschen werden süchtig danach, Probleme zu haben. Sie identifizieren sich damit und es wird Teil ihres Lebens. Alles, was sie denken, sagen und tun, definieren sie darüber. Ihr ganzes Sein dreht sich nur um das spezielle Problem.

Wenn du eine »schwere und langwierige Krankheit« hast, so lässt der Herr dich wissen, dass diese nicht der Dreh- und Angelpunkt deines gesamten Lebens sein muss. Er möchte, dass du ihm vertraust und mit ihm zusammenarbeitest. Er wird dich Schritt für Schritt zum Sieg über das Problem führen.

Ganz gleich, welches Problem wir auch haben: Gott hat uns versprochen, unsere Bedürfnisse zu stillen und uns wieder zu geben, was wir verloren haben. Die Wahrheit ist der Schlüssel zu den verschlossenen Gefängnistüren, die uns gefangen halten.

Gott sehnt sich danach, zu erleben, dass du so wirst, wie er dich geplant hat.

Gottes Wort für dich:

Johannes 8,31-32

Wenn ihr in meinem Wort bleibt [festhaltet an meiner Lehre und genau so lebt], so seid ihr wahrhaft meine Jünger; und ihr werdet die Wahrheit erkennen, und die Wahrheit wird euch frei machen.

Schau der Wahrheit ins Auge

Wenn du emotionale Heilung und die Wiederherstellung deines gebrochenen Geistes erwartest, musst du lernen, der Wahrheit ins Auge zu schauen. Du kannst nicht Befreiung erwarten, wenn du Tatsachen verleugnest. Du kannst nicht so tun, als ob bestimmte negative Ereignisse nicht passiert wären oder du von ihnen nicht beeinflusst worden wärst oder nicht auf sie reagiert hättest.

Oft verhalten sich Menschen, die Missbrauch oder andere Tragödien erlebt haben, so, als wären sie niemals geschehen. Frühe traumatische Erlebnisse können unsere Emotionen, wenn wir älter werden, tiefgreifend und nachhaltig schädigen und verletzen, weil unsere Meinung uns selbst gegenüber und unser Verhalten auf dem basiert, was wir getan haben.

Aus eigener Erfahrung und den Jahren meines Dienstes an anderen ist mir klar geworden, dass wir wahre Experten geworden sind, Mauern um uns herum zu bauen und Dinge in dunkle Ecken zu stopfen, als ob sie nie passiert wären.

Es ist so wunderbar, Jesus zum Freund zu haben, denn vor ihm müssen wir nichts verstecken. Er weiß ja sowieso schon alles über uns. Wir können immer zu ihm kommen und sicher sein, dass wir geliebt und angenommen werden, ganz gleich, was wir erlitten und wie wir darauf reagiert haben.

Auch wenn es schwer ist, der Wahrheit ins Auge zu schauen, verspricht Jesus uns doch, bei uns zu sein und uns freizusetzen.

Gottes Wort für dich:

Jakobus 1,22

Seid aber Täter des Wortes [gehorcht der Botschaft] und nicht allein Hörer, die sich selbst betrügen [indem sie gegensätzlich zur Wahrheit argumentieren].

Jeremia 7,23

... sondern dies Wort habe ich ihnen geboten: Hört auf meine Stimme, dann werde ich euer Gott sein, und ihr werdet mein Volk sein! Und geht auf dem ganzen Weg, den ich euch gebiete, damit es euch wohlgeht!

GEHORCHE DEM WORT

Ich erinnere mich an eine Frau, die an einem meiner Seminare teilgenommen hatte. Sie wollte unbedingt frei werden von den emotionalen Wunden, die sie unsicher und ängstlich gemacht hatten, doch nichts schien bei ihr anzuschlagen. Am Ende des Seminars sagte sie mir, dass sie nun verstehe, warum sie keine Fortschritte in ihrem Leben gemacht hatte.

Sie sagte: »Joyce, ich saß mit einer Gruppe von Frauen zusammen, die im Grunde die gleichen Probleme hatten wie ich. Gott hatte sie Schritt für Schritt frei gemacht. Ich hörte, wie sie erzählten: ›Gott führte mich, dies zu tun, und ich tat es. Dann führte er mich zu einer anderen Sache, und ich tat das.‹ Ich begann zu begreifen, dass Gott auch mich aufgefordert hatte, die gleichen Dinge zu tun, nur mit dem Unterschied, dass ich nicht getan habe, was er mir sagte.«

Wir müssen Gottes Wort gehorchen, um das, was er uns versprochen hat, auch zu bekommen. Es ist notwendig, dass wir Täter des Wortes sind und nicht Hörer allein. Beständigkeit und Eifer sind erforderlich, um dem Wort zu gehorchen. Gehorchen ist keine Glückssache. Man kann es nicht eine Zeit lang ausprobieren, um zu sehen, ob es funktioniert. Hingabe und Engagement sind Voraussetzungen, um, ganz gleich, was dabei herauskommt, Täter des Wortes Gottes sein zu können.

Gottes Wege, und nur Gottes Wege, führen zum Ziel.

Gottes Wort für dich:

Jakobus 5,16

Bekennt nun einander die Vergehungen (eure Fehler, eure falschen Schritte, eure Sünden] und betet [auch] füreinander, damit ihr geheilt [und wiederhergestellt] werdet [und euer Herz und die Gedanken geistlich ausgerichtet werden].

Bekenne deine Verfehlungen

Ich glaube, es kommt manchmal der Zeitpunkt im Leben, an dem wir unsere Lebensstationen einer anderen Person anvertrauen sollten. Es liegt eine unglaubliche Heilungskraft darin, wenn wir Erlebnisse in Worte fassen und jemand anderem mitteilen. Das wirkt Wunder.

Doch sei weise. Sei geistgeführt. Wähle jemanden, dem du vertrauen kannst. Vermeide es, deine Last auf die Schultern des anderen zu legen, dem du sie anvertraust. Und mache auch keine Ausgrabungen, indem du versuchst, alte, längst vergebene und vergessene Verletzungen wieder hervorzukramen.

Es ist sehr wichtig, diese Dinge mit Weisheit und Ausgewogenheit anzugehen. Wenn du mit jemandem über deine Probleme sprechen möchtest, lass dir von Gott zeigen, wen du als Vertrauensperson auswählen kannst. Suche dir jemanden, der fest im Glauben steht, den das, was du ihm anvertraust, nicht zu sehr belastet oder gar Schaden nehmen lässt, der dich damit nicht verletzen oder dir gar ein schlechtes Gewissen machen wird.

Oft empfinden wir Erleichterung, wenn wir jemandem unsere Geheimnisse erzählen, die über Jahre irgendwo in einer Ecke unseres Lebens verstaubt sind. Wenn wir dann entdecken, dass diese Person uns immer noch liebt und annimmt, trotz allem, dann ist die Befreiung umso größer.

Wenn wir Dinge ans Licht bringen, verlieren sie ihre Macht über uns.

Gottes Wort für dich:

Jeremia 31,34

Denn ich will ihnen ihre Missetat vergeben und ihrer Sünde nimmermehr gedenken. (Luther)

Psalm 103,12

So fern der Osten ist vom Westen, hat er von uns entfernt unsere Vergehen.

EMPFANGE VERGEBUNG UND VERGISS DEINE SÜNDEN

Ganz gleich, welches Problem du hast oder wie schlecht du dich deshalb fühlst: Gott liebt dich. In Jesus Christus hat er dir ein neues Leben gegeben. Er hat dir eine neue Familie und neue Freunde geschenkt, die dich lieben, annehmen, wertschätzen und unterstützen. Du bist in Ordnung, und du wirst es schaffen, denn Jesus lebt in dir und sorgt für dich.

Vielleicht hattest du eine Abtreibung. Doch sieh in den Spiegel und bekenne: »Herr, ich habe das getan, und doch ist es wie ein Wunder für mich, dass ich mir selbst in die Augen schauen kann. Ich kann das nur, weil ich weiß, dass du trotz meiner schrecklichen Tat meine Sünden so weit von mir entfernt hast, wie der Osten vom Westen entfernt ist. Du gedenkst ihrer nicht mehr!«

Wenn wir unsere Sünden bekannt und Gott um Vergebung gebeten haben und sie trotzdem immer wieder im Gebet hervorzerren, erinnern wir Gott an etwas, was er nicht nur vergeben, sondern schon vergessen hat.

Gottes Gnade ist jeden Morgen neu. Wir können jeden Tag neu und frisch beginnen.

Vertrauen

Wir müssen Christus vertrauen,
damit wir es schaffen, wir selbst zu sein.

Gottes Wort für dich:

Jeremia 17,7

Gesegnet ist der Mann, der auf den Herrn vertraut und dessen Vertrauen [und Hoffnung] der Herr ist!

drei

VERTRAUEN

Wir können nur »wir selbst« sein, wenn wir zuversichtlich sind. Dabei geht es nicht um Selbstvertrauen, sondern Vertrauen in Christus. Ich mag die Übersetzung der Amplified Bible von Philipper 4,13. Hier lesen wir: »... ich bin selbstgenügsam, weil Christus genügt.«

Nur auf sich selbst zu vertrauen ist Sünde. Doch das Ziel eines jeden Gläubigen sollte sein, Christus zu vertrauen.

Jesus sagt: »... denn getrennt von mir könnt ihr nichts tun« (Johannes 15,5). Wir versuchen ständig Dinge in unserer eigenen Kraft zu tun, anstatt unser ganzes Vertrauen auf ihn zu werfen.

Der Grund für unsere inneren Leiden, unsere Kämpfe und Frustrationen liegt in unserem fehlgeleiteten Vertrauen. In Philipper 3,3 sagt Paulus, dass wir nicht auf Fleisch vertrauen sollen, also nicht auf uns selbst, unsere Freunde oder unsere Familie. Das heißt nicht, dass wir keinem mehr vertrauen können, doch wenn wir anderen das Vertrauen schenken, das eigentlich nur Gott gebührt, dann werden wir nicht siegreich sein. Gott wird uns erst Gelingen schenken, wenn wir unser Vertrauen in die richtige Person setzen.

Jesus ist der Fels – nur in ihm finden wir Stabilität.
Vertraue ihm.

Gottes Wort für dich:

Kolosser 2,15

Die Mächte und Gewalten, die diesen Schuldschein gegen uns geltend machen wollten, hat er entwaffnet und vor aller Welt zur Schau gestellt, er hat sie in seinem Triumphzug mitgeführt – und das alles in und durch Christus. (Gute Nachricht)

Befrei dich von dem »Versager-Syndrom«

Wenn Menschen in ihrem Leben missbraucht, abgelehnt oder verlassen wurden, fehlt es ihnen oft an Zuversicht. Sie sind geplagt von Schuldgefühlen, schämen sich und haben ein verzerrtes Selbstbild. Der Teufel weiß das ganz genau und beginnt, das Selbstvertrauen anzugreifen, sobald sich eine passende Gelegenheit dazu bietet. Sein Ziel ist, die Person völlig zu zerstören.

Der Teufel ist sich bewusst, dass eine Persönlichkeit, die nicht zuversichtlich ist, kaum hervortritt und etwas zum Bau des Reiches Gottes beitragen wird. Ebenso wenig wird sie seinem satanischen Reich schaden. Er möchte auf keinen Fall, dass du den Plan Gottes für dein Leben erfüllst. Wenn er dich davon überzeugen kann, dass du unfähig bist, dann wirst du nicht einmal mehr versuchen, etwas zu bewirken. Selbst wenn du einen Versuch startest, wird deine Versagensangst deine Niederlage bereits besiegeln, so, wie du es aufgrund von mangelndem Selbstvertrauen eigentlich bereits von Anfang an erwartet hast. Dieses Verhalten wird oft das »Versager-Syndrom« genannt.

Gott möchte, dass du weißt: Der Teufel ist ein bereits besiegter Feind. Jesus triumphierte über ihn am Kreuz und hat ihn in der unsichtbaren Welt bereits öffentlich zur Schau gestellt. Der Sieg Jesu gibt dir die Kraft, dich von dem Versager-Syndrom zu befreien. Er kann seinen Plan nur so weit in deinem Leben Wirklichkeit werden lassen, wie du ihm und seinem Wort glaubst.

Gott hat einen vollständigen und vollkommenen Sieg am Kreuz errungen.

GOTTES WORT FÜR DICH:

SPRÜCHE 3,5-6

Vertraue auf den Herrn mit deinem ganzen Herzen und stütze dich nicht auf deinen Verstand! Auf all deinen Wegen erkenne nur ihn, dann ebnet er selbst deine Pfade!

Der Selbstbetrug des Selbstvertrauens

Jeder redet über Selbstvertrauen. Es gibt sowohl in christlichen wie auch in säkularen Kreisen unzählige Seminarangebote zu dem Thema »Vertrauen«. In der Regel wird »Vertrauen« mit »Selbstvertrauen« wiedergegeben, weil wir alle wissen, dass wir im Einklang mit uns selbst sein müssen, um etwas im Leben erreichen zu können. Wir haben gelernt, dass alle Menschen das Grundbedürfnis haben, an sich selbst zu glauben. Doch das ist nicht wahr.

Eigentlich müssen wir gar nicht an uns selbst glauben, sondern nur an Jesus in uns. Wir sollten vorsichtig sein, uns ohne Jesus für gut zu halten.

Wenn wir dieser Unwahrheit, die Selbstvertrauen mit sich bringen kann, glauben, werden viele Probleme entstehen. Wir werden nie unser volles Potential in Christus ausschöpfen. Angst wird unser Leben bestimmen und wahre Freude, Erfüllung oder Befriedigung werden wir nicht erleben. Wir werden unsere Einzigartigkeit aus dem Blick verlieren und der Heilige Geist wird betrübt sein.

Mach dir keine Gedanken über dich selbst, über deine Schwächen oder über deine Stärken. Schau nicht auf dich selbst, sondern schau auf den Herrn. Er kann dich stärken, wenn du schwach bist. Wenn du stark bist, bist du es nur, weil er dich stark gemacht hat. Deshalb ist es gut, immer auf ihn zu schauen und nicht auf sich selbst.

Wir brauchen kein Selbstvertrauen – wir brauchen Gottvertrauen!

Gottes Wort für dich:

Jeremia 17,5

Verflucht ist der Mann, der auf Menschen vertraut und Fleisch zu seinem Arm macht und dessen Herz vom Herrn weicht!

Vertraue nur Gott

Wir müssen Vertrauen haben, damit uns Dinge im Leben gelingen; Vertrauen in Gott und nicht in irgendetwas anderes. Es ist notwendig, unser Vertrauen in Gottes Liebe, Güte und Gnade zu vertiefen. Glauben wir ihm doch, dass er uns Gelingen schenken möchte.

Gott hat uns nicht geschaffen, damit wir versagen. Natürlich machen wir auf unserem Weg zum Erfolg auch Fehler, doch wenn wir ihm vertrauen, wird er selbst aus unseren Misserfolgen etwas Gutes machen (Römer 8,28).

In Hebräer 3,6 lesen wir, wir müssen »… das Vertrauen und den Ruhm der Hoffnung bis ans Ende fest behalten« (Luther). Es ist sehr wichtig, sich vor Augen zu halten, dass Versagen nicht gleichzeitig das Ende der Dinge bedeutet, wenn wir an unserem Vertrauen festhalten.

Wir alle haben eine Bestimmung für unser Leben. Doch das heißt noch lange nicht, dass diese Bestimmung sich auch automatisch erfüllt. Als Gott mich und meinen Dienst formte, musste ich durch vieles hindurch. Häufig habe ich an meiner Berufung gezweifelt. Doch ich musste jedes Mal erst mein Vertrauen wiedererlangen, bevor ich weitergehen konnte.

Vertraue nur Gott. Er wird dir Gelingen schenken, du selbst zu sein.

Gottes Wort für dich

Römer 1,17

Wer durch vertrauenden Glauben vor Gott als gerecht gilt, wird leben. (Gute Nachricht)

BLEIBE IM VERTRAUEN

Vertrauen ist im Grunde genommen der Glaube an Gott. Wir müssen lernen, im Vertrauen zu bleiben und nicht nur gelegentlich zu vertrauen.

Ich musste lernen, mein Vertrauen nicht zu verlieren, als Freunde und Familie mir sagten, dass Frauen nicht das Wort Gottes predigen sollten. Ich wusste, Gott hatte mich berufen, sein Wort zu predigen, und doch hatte die ablehnende Haltung der Menschen Einfluss auf mich. Ich musste lernen, meine Zuversicht tiefer zu gründen, damit die Meinungen der Menschen und ihre Einstellung oder auch Ablehnung mir gegenüber mich nicht mehr negativ beeinflussten. Mein Vertrauen musste in Gott gegründet sein und nicht in Menschen.

In Römer 1,17 lesen wir, dass wir von Glauben zu Glauben gehen können. Viele Jahre lang ging ich von Glauben zu Zweifeln zu Unglauben und dann zurück zu Glauben. Plötzlich begriff ich, dass ich dem Teufel eine Tür öffne, wenn ich mein Vertrauen verliere. Wenn ich ihm erlaube, mir mein Vertrauen wegzunehmen, fehlt mir auf einmal der Glaube, den Menschen dienen zu können.

Wenn du es schaffen möchtest, bleibe im Vertrauen. Sei zuversichtlich, wenn es um deine Gaben, deine Berufung und deine Möglichkeiten geht, die du in Christus hast. Vertraue darauf, dass du von Gott hörst und von dem Heiligen Geist geleitet wirst. Sei mutig im Herrn. Betrachte dich als Gewinner in ihm!

Schau nicht auf deine Unsicherheiten.
Schau auf Gott und vertraue ihm. Er ist deine Kraft
und deine Rettung.

Gottes Wort für dich:

Römer 8,37

Aber in diesem allen sind wir mehr als Überwinder durch den, der uns geliebt hat.

Mehr als Überwinder

Wir brauchen die Einstellung eines Gewinners. Paulus versichert uns, dass wir durch Jesus Christus mehr als Überwinder sind. Wenn wir dieser Wahrheit glauben, wird unser Vertrauen gestärkt.

Manchmal wird unser Vertrauen erschüttert, wenn Prüfungen auf uns warten, ganz besonders dann, wenn sie lange anhalten. Wir sollten Gottes Liebe zu uns so weit vertrauen, dass wir ganz tief im Herzen wissen: Wir sind mehr als Überwinder, egal was kommt. Wenn wir wirklich vertrauen, müssen wir uns vor keinen Schwierigkeiten, Herausforderungen oder Prüfungen fürchten, weil wir wissen, sie werden eines Tages zu Ende sein.

Erinnere dich in Zeiten der Not daran, dass diese Tage nicht von Dauer sind. Sie gehen vorüber! Vertraue darauf, dass du in diesen Prüfungen etwas lernst, was dir später von Nutzen sein wird.

Ohne Vertrauen ist man an jeder Wegkreuzung wie gelähmt. Satan bombardiert uns und unsere Träume sind zerstört. Wir fangen dann zwar von vorne an, aber wir machen keine Fortschritte. Doch diejenigen, die genau wissen, dass sie durch Jesus Christus mehr als Überwinder sind, machen große Fortschritte.

Wir müssen Schritte des Glaubens gehen und uns entscheiden, in jeder Lebenslage zuversichtlich zu bleiben und ihm zu vertrauen. Zuversichtliche Menschen erledigen das, was anliegt. Sie sind erfüllte Menschen, denn es gelingt ihnen, sie selbst zu sein.

Wir können erst wir selbst sein,
wenn wir unser Vertrauen in Gott gründen.

Gottes Wort für dich:

1. Samuel 30,6

Und David war in großer Bedrängnis, denn das Volk sprach davon, ihn zu steinigen. Denn die Seele des ganzen Volkes war erbittert, jeder war erbittert wegen seiner Söhne und wegen seiner Töchter. Aber David stärkte sich in dem Herrn, seinem Gott.

QUÄLENDE SELBSTZWEIFEL

Wenn wir nicht an uns selbst glauben, wer wird es dann tun? Gott glaubt an uns, und das ist auch gut so. Sonst würden wir vielleicht gar keine Fortschritte machen. Wir können nicht immer auf jemanden warten, der des Weges kommt und uns ermutigt, unser ganzes Potential auszuschöpfen.

Als David und seine Männer in einer offensichtlich hoffnungslosen Situation waren, für die alle David die Schuld gaben, stärkte und ermutigte er sich in dem Herrn. Später nahm die Situation eine ganz andere Wendung (1. Samuel 30,1-20).

Als David noch sehr jung war, wurde er von jedem um sich herum entmutigt, er wäre nicht fähig, den Kampf gegen Goliath aufzunehmen. Er sei zu jung und zu unerfahren, so sagte man ihm. Und er habe auch nicht die richtigen Waffen oder die richtige Rüstung. Doch David kannte seinen Gott und vertraute ihm. David glaubte, dass Gott stark ist, und dass er ihm trotz seiner eigenen Schwachheit den Sieg geben würde.

Selbstzweifel sind absolut zermürbend und wir müssen diese Zweifel ablegen. Wir müssen genau wie David unseren Gott besser kennenlernen, seine Liebe, seine Wege und sein Wort, und schließlich müssen wir uns entscheiden, ob wir glauben oder nicht. Wenn wir nicht an uns selbst zweifeln, sondern Gott vertrauen, wird er uns den Sieg geben.

Quälende Selbstzweifel können überwunden werden, wenn wir auf Gott schauen und seiner allmächtigen Kraft vertrauen.

Gottes Wort für dich:

Römer 12,6-8

Wir haben unterschiedliche Gaben, je nach der uns verliehenen Gnade. Hat einer die Gabe prophetischer Rede, dann rede er in Übereinstimmung mit dem Glauben; hat einer die Gabe des Dienens, dann diene er. Wer zum Lehren berufen ist, der lehre; wer zum Trösten und Ermahnen berufen ist, der tröste und ermahne. Wer gibt, gebe ohne Hintergedanken; wer Vorsteher ist, setze sich eifrig ein; wer Barmherzigkeit übt, der tue es freudig. (Einheitsübersetzung)

1. Korinther 15,41

Der Glanz der Sonne ist anders als der Glanz des Mondes, anders als der Glanz der Sterne; denn auch die Gestirne unterscheiden sich durch ihren Glanz. (Einheitsübersetzung)

Sei dir sicher: Du bist anders!

Wir sind alle unterschiedlich. Genau wie die Sonne, der Mond und die Sterne sind auch wir von Gott unterschiedlich geschaffen worden. Und genau das wollte er. Wir alle erfüllen eine Aufgabe und wir alle sind ein Teil in Gottes Gesamtplanung. Wenn wir darum kämpfen, so zu sein wie andere, verlieren wir uns selbst und wir betrüben den Heiligen Geist. Gott möchte, dass wir in seinen Plan passen und uns nicht unter Druck setzen, in den Plan einer anderen Person zu passen. Es ist vollkommen in Ordnung, wenn wir anders sind.

Wir alle wurden mit anderen Eigenschaften geboren, unterschiedlichen Naturellen, verschiedenen körperlichen Merkmalen, einzigartigen Fingerabdrücken und andersartigen Gaben und Fähigkeiten. Es sollte unser Ziel sein, herauszufinden, wer wir als individuelle Persönlichkeit wirklich sind, und dann wirklich so zu sein.

In Römer 12 lesen wir, dass wir uns unseren Gaben entsprechend einsetzen sollen. Wir müssen herausfinden, was wir gut können, und das mit ganzem Herzen auch tun.

Wir wollen frei und unvoreingenommen uns selbst und den anderen lieben und annehmen, ohne uns gleich vergleichen oder gegeneinander antreten zu müssen. Stabile Menschen, die wissen, dass Gott sie liebt und einen Plan für sie hat, fühlen sich durch die Fähigkeiten anderer nicht bedroht. Sie erfreuen sich an dem, was andere Menschen tun können, und sie freuen sich über das, was sie selbst tun.

Gott gab dir Gaben und möchte, dass du
dein Augenmerk auf deine Möglichkeiten richtest
und nicht auf deine Einschränkungen.

Gottes Wort für dich:

Matthäus 10,39

Wer sein Leben findet, wird es verlieren, und wer sein Leben verliert um meinetwillen, wird es finden.

Verliere dich nicht selbst

Wie kann es uns gelingen, wir selbst zu sein, wenn wir uns nicht einmal selbst kennen? Das Leben ist manchmal wie ein Labyrinth und man kann sich schnell verirren. Es scheint, dass jeder etwas anderes von uns erwartet. Wir stehen von verschiedenen Seiten her unter Druck, weil wir andere glücklich machen und ihre Bedürfnisse stillen sollen.

Dann versuchen wir, so zu werden, wie die anderen uns haben wollen. Doch es kann sein, dass wir uns selbst dabei verlieren. Wir entdecken vielleicht nicht mehr, was Gottes Plan für unser Leben ist. Wir versuchen mit allen Mitteln, anderen zu gefallen, und sind dabei selbst nicht mehr zufrieden.

Jahrelang habe ich versucht, den verschiedenen Erwartungen zu entsprechen. Doch ich verlor mich selbst aus den Augen und war völlig durcheinander. Ich stieg aus diesem Karussell aus und fragte mich: »Für wen lebe ich eigentlich? Warum mache ich diese ganzen Sachen? Will ich nur den Menschen gefallen? Lebe ich wirklich nach Gottes Willen?«

Hast du dich selbst auch schon verloren? Bist du frustriert, weil du ständig versuchst, den Anforderungen anderer nachzukommen, und dabei unzufrieden bist? Steh auf und strebe danach, deine eigene Identität zu kennen, dein Ziel und deine Berufung – Gottes Willen für dein Leben. Du wirst dich selbst finden, indem du seinen Willen für dein Leben erkennst und ihn tust.

Wenn du dich selbst hingibst, seinen Willen zu tun, wirst du deine wahre Identität finden.

Entfalte dein Potential

Durch das, was Gott für uns
durch Christus getan hat,
können wir unser Potential entfalten!

Gottes Wort für dich:

1. Korinther 9,24

Wisst ihr nicht, dass die, welche in der Rennbahn laufen, zwar alle laufen, aber [nur] einer den Preis empfängt? Lauft so [euer Rennen], dass ihr ihn [den Preis] erlangt.

vier

ENTFALTE DEIN POTENTIAL

Wenn wir zuversichtlich sind und frei von quälenden Ängsten und Selbstzweifeln, können wir unser Potential entfalten und so sein, wie Gott sich uns gedacht hat. Doch wir können nicht unser volles Potential entfalten, wenn wir Angst haben zu versagen oder Fehler zu machen. Diese Ängste halten uns davon ab, hervorzutreten und vorwärtszugehen.

Ich habe schon viele Menschen gesehen, die über ein großes Potential verfügen. Doch sobald sich ihnen Gelegenheiten bieten oder Beförderungen anstehen, lehnen sie diese ganz schnell ab. In vielen Fällen sind sie unsicher und wissen gar nicht, wie viel sie für das Reich Gottes bewegen könnten, wenn sie nur einmal voller Glauben und Vertrauen heraustreten würden.

Wenn wir unsicher sind, bleiben wir eher bei dem, was uns sicher erscheint und was wir kennen, als Neues zu wagen und dabei vielleicht zu versagen. Wir vermeiden es, größere Verantwortung zu übernehmen, und wenn wir ehrlich sind, fehlt es immer gerade an irgendetwas. Doch wenn Gott bereit ist, in unserem Leben zu wirken, müssen wir darauf vertrauen, dass er uns zur rechten Zeit mit dem ausrüsten wird, was wir brauchen.

Wenn wir uns demütig auf Gott verlassen, werden uns die Dinge gelingen. Wenn wir Christus vertrauen und nicht uns selbst, können wir unser volles Potential entfalten, weil wir keine Angst haben müssen zu versagen.

Ein fester Glaube ist die Voraussetzung zur Entfaltung des eigenen Potentials – hier helfen keine frommen Wünsche.

GOTTES WORT FÜR DICH:

SPRÜCHE 24,3-4

Durch Weisheit wird ein Haus gebaut und durch Verstand wird es befestigt;und durch Erkenntnis füllen sich die Kammern mit allerlei kostbaren und angenehmen Gütern.

Habe größere Pläne!

Ich hoffe, dass du tief in deinem Herzen Träume und Pläne hast für etwas Größeres, als du bisher erreicht hast. Es ist wichtig, dass wir Träume und Pläne für unser Leben haben. Wir verkümmern, wenn es nicht etwas gibt, was wir erreichen wollen. Gott hat uns so geschaffen, dass wir uns Ziele setzen. In Epheser 3,20 lesen wir, dass Gott »... über alles hinaus zu tun vermag, über die Maßen mehr, als wir erbitten oder erdenken.« Wir sollen in großen Dimensionen denken, große Dinge erhoffen und um große Dinge bitten.

Oft stehen wir vor einer Aufgabe und erkennen keine Möglichkeit, das zu tun, was getan werden muss. Das passiert gerade dann, wenn wir auf uns selbst statt auf Gott sehen.

Als der Herr Josua als Nachfolger Moses berief, um das Volk Israel in das Verheißene Land zu führen, sagte er zu ihm: »Wie ich mit Mose gewesen bin, werde ich mit dir sein; ich werde dich nicht aufgeben und dich nicht verlassen« (Josua 1,5).

Wenn Gott verspricht, mit uns zu sein, – und das tut er –, so ist das alles, was wir brauchen. Seine Kraft kommt in Schwachheit zur Vollendung (2. Korinther 12,9). Das, was unserem natürlichen Menschen fehlt, gibt er dem geistlichen Menschen.

Wir ehren Gott, wenn wir ihm vertrauen,
die »großen Dinge« zu tun,
von denen wir geträumt haben.

Gottes Wort für dich:

Epheser 6,10

Werdet stark durch die Verbindung mit dem Herrn! Lasst euch stärken von seiner Kraft! (Gute Nachricht)

Jesaja 40,31

Aber die auf den Herrn hoffen, gewinnen neue Kraft: sie heben die Schwingen empor wie die Adler, sie laufen und ermatten nicht, sie gehen und ermüden nicht.

LASS DICH STÄRKEN VON DER KRAFT UNSERES HERRN

Als Gott mich in den Dienst berief, wollte ich mehr als alles andere seinem Ruf folgen. Ich wusste nicht einmal, wo ich anfangen sollte, ganz zu schweigen, wie ich die Aufgabe durchführen sollte. Nachdem Gott mir Ideen gegeben und Türen geöffnet hatte, durch die ich Gelegenheiten bekam zu dienen, trat ich heraus und ging im Glauben weiter. Jedes Mal gab er mir die Stärke, Weisheit und Befähigung, die ich für den Dienst brauchte.

Wenn du dir Gelingen wünschst für die Aufgaben, die Gott dir vorsetzt, dann musst du lernen, dich von seiner Kraft stärken zu lassen. Deine Kraft wird bald am Ende sein, doch seine niemals!

In Epheser 6,10 versichert uns Paulus, dass der Heilige Geist seine Stärke in unseren menschlichen Geist ausgießen wird, wenn wir mit ihm Gemeinschaft haben. Und in Jesaja 40,31 lesen wir, dass die, die erkannt haben, wie wichtig es ist, auf den Herrn zu warten, die Schwingen emporheben wie die Adler. Ganz offensichtlich geht aus diesen Bibelstellen hervor, dass wir gestärkt werden, sobald wir zu Gott kommen und er unseren Mangel ausfüllt.

Alles, was wir sind und brauchen, finden wir »in Christus«. In ihm sind wir erlöst, in ihm sind wir vollkommen. Unsere Weisheit und Stärke, unser Friede und unsere Hoffnung sind in ihm. Unser ganzes Sein ist in ihm!

Gott möchte dir nicht nur Kraft geben – er möchte deine Kraft sein.

Gottes Wort für dich:

Hebräer 12,1

Deshalb lasst nun auch uns … jede Bürde [jedes unnötige Gewicht] und die uns so leicht [sicher und geschickt] umstrickende Sünde ablegen und mit Ausharren laufen den vor uns liegenden Wettlauf …

Laufe den Wettlauf

Als der Schreiber des Hebräerbriefes den Hebräern mitteilte, sie sollten jede Bürde ablegen und abstreifen, hatte er die Läufer seiner Zeit vor Augen, die den Wettkampf unbedingt gewinnen wollten. Diese legten nämlich im wahrsten Sinne des Wortes ihre Kleidung ab, bis auf einen einfachen Lendenschurz. Sie wollten sicher sein, dass nichts sie aufhielt, um ihr Bestes geben zu können und so schnell wie möglich zu laufen. Sie liefen, um zu gewinnen!

Wir sollten uns einmal unser Leben genauestens ansehen und all das, was uns aufhält oder einfach nur unsere Zeit stiehlt, verbannen, damit wir unser volles Potential entfalten und so werden können, wie Gott uns haben möchte. In Hebräer 12,1 lesen wir, wir sollen jede Bürde und die uns so leicht umstrickende Sünde ablegen. Es ist unmöglich, geistlich voranzukommen und dabei vorsätzlich zu sündigen. Unsere Einstellung zur Sünde muss klar und eindeutig sein: Wir müssen sie von unserem Leben fernhalten.

Wenn Gott sagt, dass etwas falsch ist, dann ist es auch falsch. Wir brauchen darüber nicht zu diskutieren, theoretisieren oder lamentieren. Wir müssen uns auch nicht herausreden, einen Schuldigen suchen oder in Selbstmitleid versinken. Doch wenn wir einsehen, dass Gott recht hat, können wir ihn um Vergebung bitten und dem Heiligen Geist gehorchen, damit diese Sünde ein für alle Mal aus unserem Leben verbannt wird.

Leg alles beiseite, was dich hindert,
und laufe das Rennen der Heiligung.
Gott selbst ist der Siegespreis!

Gottes Wort für dich:

1. Korinther 9,24-27

Wisst ihr nicht, dass die, welche in der Rennbahn laufen, zwar alle laufen, aber [nur] einer den Preis empfängt? Lauft so [euren Wettlauf], dass ihr ihn erlangt! Jeder aber, der kämpft, ist enthaltsam in allem; jene freilich, damit sie einen vergänglichen Siegeskranz empfangen, wir aber [tun es, damit wir die Krone des ewigen Lebens erhalten], einen unvergänglichen.Ich laufe nun so, nicht wie ins Ungewisse [ohne festgesetztes Ziel]; ich kämpfe so, nicht wie einer, der in die Luft schlägt; sondern ich zerschlage [wie ein Boxer] meinen Leib und knechte ihn [durch Entbehrung], damit ich nicht, nachdem ich anderen gepredigt, selbst verwerflich werde [die Prüfung nicht bestehe].

SEI MAẞVOLL IN ALLEN DINGEN

Diejenigen von uns, die den Wettkampf wirklich gewinnen wollen, müssen maßvoll leben und sich selbst in allen Dingen einschränken. Wir können nicht erwarten, dass eine andere Person uns das Richtige tun lässt, sondern wir müssen dem Heiligen Geist zuhören und dann die richtigen Schritte gehen.

Paulus schrieb, dass er seinen Leib zerschlage. Paulus lief, um zu gewinnen! Er wusste, dass er erst sein volles Potential entfalten kann, wenn er sowohl seinen Körper wie auch seine Gedanken und Gefühle unter Kontrolle hat.

Selbstdisziplin ist die wichtigste Eigenschaft, insbesondere eines Christen. Wenn wir unsere Gedanken, unsere Zunge und unsere Gefühle nicht disziplinieren, werden wir im Chaos leben. Viele Menschen müssen daran arbeiten, ihre Beherrschung nicht zu verlieren, denn das gehört mit zu den wichtigsten Bereichen unserer Gefühlswelt, die es zu beherrschen gilt.

Wenn unser Fleisch unsere Gefühle kontrolliert, können wir nicht unser volles Potential entfalten. Es ist notwendig, dass wir unseren negativen Gefühlen widerstehen, wenn wir wirklich den Wettlauf gewinnen wollen. Neben der Wut gibt es noch viele andere negative Emotionen, die wir unter Kontrolle bringen müssen, sobald sie ihre hässlichen Gesichter zeigen.

Lasst uns dem Heiligen Geist erlauben, diese zerstörerischen Gefühle durch seine Früchte auszutauschen: Liebe, Freude, Frieden, Geduld, Freundlichkeit, Güte, Treue, Besonnenheit, Selbstbeherrschung (Galater 5,22-23, Hoffnung für alle).

Wir können uns nicht durch eigene Anstrengungen verbessern, sondern nur durch die Abhängigkeit von dem Heiligen Geist.

GOTTES WORT FÜR DICH:

RÖMER 11,34

Denn »wer hat des Herrn Sinn erkannt, oder wer ist sein Ratgeber gewesen?« (Luther)

Gottes Weg ist der bessere Weg

Wir müssen begreifen lernen, dass Gott klüger ist als wir. Gottes Wege sind besser als unsere Wege, ob wir das einsehen oder nicht. Oft glauben wir, dass wir selber wissen, was das Beste ist, und dann setzen wir alles daran, um das auch zu erreichen.

Deshalb werden wir häufig enttäuscht, und diese Enttäuschung hindert uns daran, Freude und Spaß zu erleben. Und das nur, weil wir meinen, dass etwas auf eine bestimmt Art und Weise oder zu einem bestimmten Zeitpunkt getan werden muss. Wenn wir etwas ganz stark wollen, können wir uns selbst sehr leicht davon überzeugen, dass das auch Gottes Wille ist.

Gott braucht keinen Berater, der ihm sagt, was er für uns tun sollte. Sein Wille ist vollkommen, und er hat einen guten Plan für uns, damit wir so werden, wie er uns haben will. Der Prophet Jeremia sagt: »Denn ich kenne ja die Gedanken [und Pläne], die ich über euch denke, spricht der HERR, Gedanken [und Pläne] des Friedens [und des Heils] und nicht zum Unheil, um euch Zukunft und Hoffnung zu gewähren« (Jeremia 29,11).

Wenn wir in verwirrenden Lebenslagen stecken, sollten wir sagen: »Nun, Herr, ich sehe darin zwar momentan gar keinen Sinn, aber ich vertraue dir. Ich glaube, dass du mich liebst und dass du das tust, was am besten für mich ist.«

Wir müssen Gott bei seiner Arbeit nicht beraten, sondern ihm vertrauen.

Gottes Wort für dich:

Jakobus 1,2-4

Meine lieben Brüder, erachtet es für lauter Freude, wenn ihr in mancherlei Anfechtungen fallt,und wisst, dass euer Glaube, wenn er bewährt ist, Geduld wirkt. Die Geduld aber soll ihr Werk tun bis ans Ende, damit ihr vollkommen und unversehrt seid und kein Mangel an euch sei. (Luther)

Galater 6,9

Lasst uns aber im Gutestun nicht müde werden! Denn zur bestimmten Zeit werden wir ernten, wenn wir nicht ermatten.

WARTE AUF DEN RICHTIGEN ZEITPUNKT GOTTES

Gott ist dabei, seinen vollkommenen Plan für unser Leben umzusetzen, doch wir wollen oft alles sofort. Aber die Entwicklung der Persönlichkeit braucht Zeit und Geduld.

Jakobus lehrt uns, dass wir vollendet und untadelig sein werden und es uns an nichts mehr fehlen wird, wenn Ausdauer und Geduld ihren vollkommenen Dienst an uns getan haben. Er spricht auch von Prüfungen aller Art und weist uns an, gerade in Zeiten der Anfechtung geduldig zu sein. Mit Geduld ist nicht die Fähigkeit gemeint, warten zu können, sondern die Fähigkeit, mit der richtigen inneren Haltung warten zu können. Geduld ist eine Frucht des Geistes, die sich darin zeigt, dass wir ruhig und positiv bleiben, egal wie die Umstände auch sind.

Der »richtige Zeitpunkt« ist der Zeitpunkt, den Gott festlegt und nicht wir. Wir haben es eilig, aber Gott nicht. Er nimmt sich Zeit, um die Dinge richtig zu tun. Er legt zuerst ein solides Fundament, bevor er das Gebäude baut. Wir sind Gottes Gebäude, aber noch im Bau. Er ist der Bauherr und er weiß, was zu tun ist. Es scheint so, als ob Gottes Zeitplan sein eigenes, kleines Geheimnis bleibt. Gott verspricht uns in seinem Wort, dass er niemals zu spät ist, doch ich habe bemerkt, dass er gewöhnlich auch nicht zu früh kommt. Es scheint, dass er jede Gelegenheit dazu nutzt, die Frucht der Geduld in uns wachsen zu lassen.

Unser Potential kann nur so weit zur Entfaltung kommen, wie auch unsere Fähigkeit entwickelt ist, geduldig zu sein.

GOTTES WORT FÜR DICH:

GALATER 3,3-5 (»GUTE NACHRICHT BIBEL«, REV. 1997)

Warum begreift ihr denn nicht? Was der Geist Gottes in euch angefangen hat, das wollt ihr jetzt aus eigener Kraft zu Ende führen? Ihr habt so große Dinge erlebt – war das alles vergeblich? Es kann nicht vergeblich gewesen sein! Gott gibt euch seinen Geist und lässt Wunder bei euch geschehen – tut er das, weil ihr das Gesetz befolgt oder weil ihr die Botschaft vom Glauben gehört und angenommen habt?

IM GLAUBEN BEGONNEN, IM GLAUBEN VOLLENDET

Lasst uns einmal betrachten, was Paulus die »begriffsstutzigen« Galater fragte: Obwohl wir angefangen haben, in Abhängigkeit des Heiligen Geistes ein neues Leben in Christus zu leben, versuchen wir nun, es »im Fleisch«, also aus eigener Kraft zu beenden?

Denn aus Gnade [Gottes unverdienter Gunst] sind wir errettet durch Glauben, und das nicht durch eigene Kraft (Epheser 2,8-9). Somit müssen wir lernen, aus der Gnade heraus durch Glauben zu leben und nicht durch eigene Anstrengungen.

Als wir errettet wurden, konnten wir uns nicht selbst helfen. Wie sieht das jetzt aus, da wir aus Gnade durch den Glauben an das vollkommene Werk Jesu errettet sind? Wir können uns immer noch nicht selbst helfen. Wir müssen aufhören zu versuchen, unser neues Leben durch eigene Anstrengungen zu leben. Erst wenn wir überzeugt davon sind, dass wir es nicht schaffen, werden wir aufhören, uns wie die begriffsstutzigen Galater zu verhalten, die versuchten, das neue Leben aus eigener Kraft zu vollenden.

Aus unserer alten Natur heraus können wir nichts tun. Nur durch den Geist können wir in das Ebenbild Christi hineinwachsen.

Erst durch die Kraft des Heiligen Geistes können wir das neue Leben leben.

GOTTES WORT FÜR DICH:

2. KORINTHER 3,18

Wir alle aber schauen mit aufgedecktem Angesicht die Herrlichkeit des Herrn an und werden so verwandelt in dasselbe Bild von Herrlichkeit zu Herrlichkeit, wie es vom Herrn, dem Geist, geschieht.

VON HERRLICHKEIT ZU HERRLICHKEIT

Wie siehst du dich selbst?

Kannst du dich und dein Verhalten ehrlich einschätzen, ohne dich selbst gleich zu verurteilen? Hast du im Blick, wie weit du schon gekommen bist, wenn du auf das siehst, was du noch zu bewältigen hast? Du wirst nicht für immer da bleiben, wo du jetzt bist. Habe das Ziel vor Augen, sonst wirst du es nicht über den Startblock hinaus schaffen.

Paulus schreibt im 2. Korinther 3,18, dass Gott uns von einer Herrlichkeit zur nächsten verändert. Mit anderen Worten, die Veränderungen unserer Persönlichkeit und der Umstände finden stufenweise statt.

Du befindest dich jetzt gerade in einer Herrlichkeit!

Wenn du wiedergeboren bist, befindest du dich irgendwo auf dem Pfad der Gerechtigkeit. Du bist vielleicht noch nicht so weit, wie du es dir gewünscht hättest, doch Gott sei Dank bist du auf dem Weg. Du gehörst nun zur Familie Gottes und wirst von ihm Tag für Tag umgestaltet. Genieße die Herrlichkeit, in der du dich gerade befindest, und schau nicht neidisch auf andere, die vielleicht schon woanders sind. Ich glaube, wir werden erst zur nächsten Herrlichkeit gelangen, wenn wir gelernt haben, das Jetzt wertzuschätzen.

Sei nicht zu hart mit dir selbst. Gott verändert dich täglich so weit, wie du ihm vertraust.

Erlebe die Liebe Gottes

Gottes Liebe ist das Fundament deines Glaubens. Durch die Liebe Gottes wurdest du von Sünden befreit und kannst anderen ohne Furcht dienen.

Gottes Wort für dich:

1. Johannes 4,9

Hierin ist die Liebe Gottes zu uns geoffenbart worden, dass Gott seinen eingeborenen Sohn in die Welt gesandt hat, damit wir durch ihn leben möchten.

fünf

ERLEBE DIE LIEBE GOTTES

Hast du dich schon einmal gefragt: »Bin ich liebenswert?« Vielleicht kam dir dann auch gleich die Antwort in den Sinn: »Nein, das bin ich nicht!«

Ich war davon überzeugt, dass ich es nicht wert war, geliebt zu werden, bis ich begriff, was Gottes Liebe wirklich bedeutet und warum er mich liebt. Ich ging mit meinen Mitmenschen ungeduldig, kleinkariert und hart um, verurteilte schnell, war unhöflich, selbstsüchtig und unversöhnlich. Doch ich erlebte einen Durchbruch in meinem Leben, als Gott anfing, mir zu zeigen, dass ich andere gar nicht lieben konnte, weil ich seine Liebe für mich noch nicht angenommen hatte. Ich bejahte zwar die Aussage der Bibel, dass Gott mich liebe, aber trotzdem war diese Wahrheit in mir noch nicht real wirksam geworden.

Gott kann uns lieben, weil er es möchte. Er erfreut sich daran. Wie es für Gott unmöglich ist, nicht zu lieben, genauso können wir ihn unmöglich davon abhalten, uns zu lieben. Wenn du erst einmal begriffen hast, dass du von Gott geliebt bist, und zwar nicht, weil du etwas Besonderes bist oder getan hast, dann brauchst du dich nicht mehr anzustrengen, seine Liebe verdienen zu wollen. Nimm seine Liebe einfach an und erfreue dich an ihr.

Wenn dein Herz erst einmal voller Gewissheit ist, dass Gott dich bedingungslos liebt, dann kannst du seine Liebe erwidern: Wir lieben ihn, denn er hat uns zuerst geliebt.

Durch die Gewissheit, dass Gott dich liebt,
bekommst du Vertrauen zu ihm und Zuversicht
in seine Treue.

Gottes Wort für dich:

Galater 5,6

Denn in Christus Jesus gilt weder Beschneidung noch Unbeschnittensein etwas, sondern der Glaube, der durch die Liebe tätig ist. (Luther)

LIEBE, VERTRAUEN UND GLAUBE

Fang doch an, deine Zeit in die Beziehung mit Gott zu investieren und ihn von ganzem Herzen zu lieben. Hör auf, Gott gefallen zu wollen, indem du dich verzweifelt um größeren Glauben bemühst. Denn unsere Glaubensschritte hängen maßgeblich von unserer Beziehung zu Gott ab.

In Galater 5,6 lesen wir, dass unser Glaube erst durch die Liebe tätig wird. Glaube funktioniert nicht ohne Liebe. Im Allgemeinen versteht man diese Bibelstelle so, dass erst durch die Liebe zu anderen Menschen unser Glaube tätig wird. Doch eigentlich ist sie so zu verstehen, dass unser Glaube erst tätig wird, wenn wir wissen, wie sehr Gott uns liebt.

Wenn wir Gott vertrauen und im Glauben vorwärtsgehen, verlassen wir uns auf ihn und vertrauen ihm in allem. Das kann man nur bei jemandem machen, von dem man sich geliebt weiß. Du hast die Liebe Gottes in dir. Das Einzige, was du noch zu tun hast, ist, dir dessen bewusst zu werden, wenn er dich darauf aufmerksam macht. In dem Wort Gottes lesen wir, dass wir ihn lieben, weil er uns zuerst geliebt hat (1. Johannes 4,19). Du könntest Gott nicht lieben, wenn du nicht sicher wüsstest, dass er dich zuerst geliebt hat.

Es ist alles bereits tief in dich hineingelegt. Du weißt es in deinem Herzen. Gott liebt dich! Du bist eine wunderbare Person. Du bist wertvoll. Es gibt niemanden auf der ganzen Welt, der dich so sehr liebt wie Gott.

Wenn wir Gottes Liebe in uns zulassen,
wird der Glaube tätig.

Gottes Wort für dich:

1. Johannes 4,10

Darin besteht die Liebe: nicht, dass wir Gott geliebt haben, sondern dass er uns geliebt hat und gesandt seinen Sohn zur Versöhnung für unsre Sünden. (Luther)

GOTTES LIEBE WIRD DICH VERÄNDERN

Besinne dich auf Gottes Liebe für dich. Denn das wird dich verändern. Auch wenn du selbst etwas an dir nicht magst, das tiefe Wissen, dass Gott dich liebt, wird dich verändern.

Gott möchte täglich mit dir Zeit verbringen, im Lobpreis und in der Gemeinschaft. Das wird dich verändern, denn besonders während dieser Zeiten der Zweisamkeit, in der du Gottes Liebe erlebst und sie erwiderst, wirst du wachsen und dein Geist wird gestärkt.

Der Teufel allerdings wird dir eine Ausrede nach der anderen vor die Füße legen, warum du gerade keine Zeit mit Gott verbringen kannst. Mach ganze Sache mit Gott und rufe zu ihm. Das Wort Gottes und die Gemeinschaft mit ihm werden dich verändern. Paulus sagt in Philipper 4,13: »Alles vermag ich durch den, der mich stark macht [Christus]« (Bruhns). Mit anderen Worten, es gibt nichts, was du nicht durch die Kraft Jesu tun kannst.

Nutze die Schwierigkeiten, die dir begegnen, als Möglichkeiten des Wachstums. Finde heraus, was Gott tun wird, denn er liebt dich! Lehn dich an Gott an, empfange seine Liebe und erwidere sie. Dann kannst du alle vergeblichen Glaubensbemühungen hinter dir lassen und in seine Ruhe einkehren.

Erlebe seine Segnungen,
indem du Gottes Liebe zulässt.

GOTTES WORT FÜR DICH:

RÖMER 5,8

Gott aber erweist seine Liebe zu uns darin, dass Christus [der Messias, der Gesalbte], als wir noch Sünder waren, für uns gestorben ist.

Liebe ist bedingungslos

Gott sagt uns in seinem Wort, dass er uns bereits vor Beginn der Welt geliebt hat, ehe wir ihn lieben oder an ihn glauben konnten und bevor wir überhaupt etwas Gutes oder Schlechtes getan haben.

Wir müssen uns Gottes Liebe nicht verdienen, genauso wenig, wie andere sich unsere Liebe verdienen können. Wir sollten uns darüber klar werden, dass Liebe eine Eigenschaft ist, die Teil von uns wird. Wir können Liebe nicht an- und abschalten und sie abhängig machen von Personen und ihrem Verhalten uns gegenüber.

Wir, die wir an Jesus Christus gläubig geworden sind, sollen der Welt die bedingungslose Liebe Gottes entgegenbringen, die durch uns fließt. Diese von Gott kommende Liebe können wir nicht begreifen. Sie übersteigt alles Wissen. Und dennoch ist sie eine Offenbarung Gottes, die er seinen Kindern durch den Heiligen Geist gibt.

Bedingungslose Liebe denkt langfristig. Sie sieht, was aus Menschen werden kann, wenn sie nur von jemandem geliebt werden. Das hat Gott für uns getan. Er plante langfristig und wusste, dass seine bedingungslose Liebe uns seinem Sohn ähnlich machen würde.

Empfange Gottes Gnade und Liebe.
Du kannst nur das weitergeben, was du bereits empfangen hast.

GOTTES WORT FÜR DICH:

RÖMER 12,21

Lass dich nicht vom Bösen überwinden, sondern überwinde das Böse mit dem Guten!

Gottes Liebe überwindet und verändert

Eine gemeine und bösartige Person kann durch regelmäßige Erfahrungen der Liebe Gottes vollständig verändert werden. Doch weil für viele Menschen ihre religiösen Erfahrungen unbefriedigend waren, sind sie nie eine Beziehung zu Jesus Christus eingegangen. Doch gerade das hätte genügt, um seine heilende und verändernde Liebe zu erleben.

Religionen bieten den Menschen häufig Regeln, die man befolgen, und Gesetze, die man halten muss. Das führt dazu, dass sie glauben, man müsse sich Gottes Liebe und Zuneigung durch gute Werke verdienen. Dies steht aber im krassen Gegensatz zur biblischen Lehre.

Gott sagt in seinem Wort, dass »die Barmherzigkeit über das Gericht triumphiert« (Jakobus 2,13). Gottes Güte leitet uns zur Buße (Römer 2,4), nicht das Halten von Gesetzen und Regeln. Jesus ist nicht gekommen, um den Menschen eine Religion zu geben. Er kam, um den Menschen eine tiefe und persönliche Liebesbeziehung zum Vater zu ermöglichen.

Gottes bedingungslose Liebe drängt uns, nicht so zu bleiben, wie wir sind. Er liebt uns, während wir uns verändern. Jesus sagte, dass er nicht für die Gesunden, sondern für die Kranken gekommen ist (Matthäus 9,12). Die heutige Welt ist krank und für ihr Leiden gibt es keine andere Hilfe als nur Jesus Christus allein und all das, wofür er steht.

Bedingungslose Liebe überwindet das Böse und verändert Leben.

Gottes Wort für dich:

1. Korinther 13,7-8

Die Liebe erträgt alles [und jeden], sie glaubt alles [und denkt immer das Beste von jeder Person], sie hofft alles [ihre Hoffnung schwindet trotz der Umstände nicht], sie erduldet alles [ohne schwach zu werden]. Die Liebe vergeht niemals [hört niemals auf].

Liebe vergeht niemals

Die von Gott gegebene Liebe erträgt alles und jeden. Sie überdauert jede Lage, ohne Anzeichen von Schwächung. Sie ist dazu bestimmt, niemals aufzugeben, auch nicht in aussichtslosen Situationen. Selbst überzeugte und harte Individualisten, die auf ihrem rebellierenden Standpunkt beharren, werden durch erlebte Liebe wieder weich. Die Bibel sagt: »Denn Christus ist, als wir noch kraftlos waren [uns selbst zu helfen], zur bestimmten Zeit für Gottlose [an ihrer Statt] gestorben« (Römer 5,6).

Es ist sehr schwer, jemandem seine Liebe zu zeigen, der sie nicht erwidert oder sie noch nicht einmal zu schätzen weiß. Es ist nicht leicht, gerade denjenigen Liebe zu erweisen, die gerne alles annehmen, was wir ihnen geben, selbst aber nie etwas zurückgeben.

Doch wir sind nicht verantwortlich für das Verhalten der anderen, sondern nur für unser Verhalten. Wir haben die Liebe Gottes durch seine Gnade erlebt, und nun befiehlt er uns, diese Liebe der Welt zu zeigen. Unsere Belohnung bekommen wir nicht von Menschen, sondern von Gott. Auch wenn unsere guten Taten scheinbar nicht bemerkt werden, Gott sieht sie und verspricht uns, dass wir öffentlich dafür belohnt werden: »… damit dein Almosen im Verborgenen sei. Und dein Vater, der ins Verborgene sieht, wird es dir vergelten öffentlich« (Matthäus 6,4 - Schlachter).

Gott ist Liebe, und Liebe gibt niemals auf.

Gottes Wort für dich:

Johannes 1,16

Denn aus seiner Fülle haben wir alle empfangen, und zwar [alle hatten einen Anteil und wir wurden alle versorgt mit] Gnade um Gnade [und geistlichen Segnungen um geistliche Segnungen, Gnadenerweise über Gnadenerweise und Gabe über Gabe].

Glaube, und empfange Gottes Liebe

Die Bibel spricht immer wieder davon, dass wir von Gott empfangen. Er gießt seinen Segen aus und wir, als leere und durstige Gefäße, müssen lernen, alles, was er für uns hat, freimütig anzunehmen.

Geistlich gesehen empfangen wir dann etwas in unserem Herzen, wenn wir es glauben. In der Welt herrscht das Motto: Ich glaube, was ich sehe. In Gottes Reich müssen wir lernen, erst zu glauben und dann zu erleben, wie das, was wir geglaubt (empfangen und im Herzen zugelassen) haben, offenbar wird.

Als Jesus sagte, dass uns alles geschehen wird, worum wir Gott glaubend bitten, meinte er damit, dass wir es umsonst empfangen werden.

Es ist oft sehr schwer für uns, dem Wort »umsonst« noch Vertrauen zu schenken, denn wir haben gelernt, dass es in unserer heutigen Welt nichts mehr kostenlos gibt. Irgendwo lauern unserer Erfahrung nach immer noch versteckte Kosten.

Doch Gottes Reich ist voller Gnade und Liebe und läuft anders als die Welt. Gott schenkt uns seine wunderbare Liebe, ohne etwas dafür zu verlangen. Wir brauchen nur noch unsere Herzen zu öffnen, seinem Wort zu glauben und sie dankbar zu empfangen.

Glaube, dass Gott dich mit seiner unvergänglichen Liebe liebt.

Gottes Wort für dich:

1. Johannes 4,16

Und wir haben erkannt [verstehen, sind uns ihrer bewusst, durch Beobachtungen und Erfahrungen] und geglaubt [befolgen, vertrauen und verlassen uns auf] die Liebe, die Gott zu uns hat. Gott ist Liebe, und wer in der Liebe bleibt, bleibt in Gott und Gott bleibt in ihm.

Begreife die Liebe Gottes

Die Bibelstelle in 1. Johannes 4,16 ist eine der aufschlussreichsten Verse für mich, weil wir hier aufgefordert werden, uns der Liebe Gottes bewusst zu sein und ihr zu vertrauen. Ich wusste lange Zeit nichts von der Liebe Gottes und war mir ihrer nicht bewusst. Daher habe ich seiner Liebe auch nicht vertraut.

Als der Heilige Geist mich überführte, wusste ich nicht, wie man zugibt, einen Fehler gemacht zu haben, zu Gott geht, ihn um Vergebung bittet, seine Liebe annimmt und weiter vorangeht. Stattdessen habe ich Stunden, manchmal sogar Tage damit zugebracht, mich für jede Kleinigkeit, die ich falsch gemacht hatte, schuldig zu fühlen. Ich wurde buchstäblich gequält! Johannes sagt uns, dass Furcht uns quält, die völlige Liebe Gottes aber die Furcht austreibt (1. Johannes 4,18). Gottes Liebe für mich war vollkommen, weil sie in ihm verwurzelt war und nicht in mir. Er liebte mich immer, selbst als ich Fehler machte.

Gottes Liebe für dich ist vollkommen. Ist es so, dass du, wenn du Fehler machst, Gottes Liebe nicht mehr annehmen kannst und dich selbst bestrafst, indem du dich verdammst und schuldig fühlst? Höre nicht auf die Lügen Satans. Begreife Gottes große Liebe für dich und glaube ihm. Trage nicht länger die Last des Feindes, die Last der Schuldgefühle. Glaube Gott und empfange sein Joch der Liebe.

Gott möchte uns lieben. Er muss uns lieben,
denn er ist die Liebe!

GOTTES WORT FÜR DICH:

RÖMER 8,9

Ihr aber seid nicht im Fleisch, sondern im Geist, wenn wirklich Gottes Geist in euch wohnt.

Übergib der Liebe die Führung

Wenn Liebe die Führung in unserem Leben übernimmt (was nichts anderes bedeutet, als dass Gott die Führung übernimmt), können wir nicht mehr schlecht über andere Menschen denken. Wir wollen es nicht einmal.

Wir leben erst ein geistlich gesinntes Leben, wenn wir dem Heiligen Geist jeden Bereich unseres Lebens anvertrauen und ihn regieren lassen. Er wird erst unser Leben leiten, wenn wir ihm auch die Kontrolle über unsere Gedanken und Worte überlassen.

Die Führung durch den Heiligen Geist ist für einen Christen der Dreh- und Angelpunkt eines siegreichen Lebens. Solange wir noch unsere eigenen Gedanken denken und unsere eigenen Worte reden, werden wir keinen Sieg erleben.

Unser Leben reflektiert unsere Gedanken. Es ist nicht möglich, ein gutes Leben zu haben, außer wenn wir gelernt haben, auch gute Gedanken zu denken. Wenn wir wollen, dass andere Jesus in uns sehen, müssen sich auch seine Gedanken in uns widerspiegeln. Wir müssen unsere Gedanken vom Geist leiten lassen. Genau dort beginnt jedes geisterfüllte und vom Geist geleitete Leben.

Strebe danach, Gottes Liebe mit deinen Gedanken widerzuspiegeln. So kannst du Gott lieben, dich selbst und auch andere. Lass Gottes Liebe die Führung deines Lebens übernehmen.

Wir können zulassen,
dass die Denkweise unserer alten Natur
uns beherrscht, oder wir können uns für den Heiligen
Geist und für seine Denkweise entscheiden.

Andere lieben

Liebe ist ein göttlicher Kreislauf. Zuerst werden wir von Gott geliebt, und durch den Glauben empfangen wir seine Liebe. Dann können wir uns selbst lieben, ohne »selbstverliebt« zu sein. Wir erwidern Gottes Liebe, und schließlich lernen wir, andere Menschen zu lieben.

Gottes Wort für dich:

Johannes 13,35

Daran werden alle erkennen, dass ihr meine Jünger seid, wenn ihr Liebe untereinander habt.

sechs

Andere lieben

Ich brauchte etwa fünfundvierzig Jahre, bis ich erkannte, dass Liebe nicht das Zentrum meines Lebens war. Wir müssen der Welt Jesus zeigen. Doch sie wird ihn erst dann in uns sehen, wenn wir in seiner Liebe leben.

Jesus selbst lehrte über die Liebe und wandelte in der Liebe. Die Welt sucht Liebe und Gott ist Liebe (1.Johannes 4,8). Gott möchte, dass die Christen dem Wesen Jesu in ihrem Leben mehr und mehr Raum geben und dann hinausgehen und Botschafter Christi werden (2. Korinther 5,20).

Doch es ist wichtig, dass wir uns neu darauf besinnen, was Liebe wirklich ist, wenn wir seine Botschafter sein wollen. Liebe ist kein Gefühl. Sie ist eine Entscheidung, die Entscheidung, Menschen so zu behandeln, wie Christus sie behandeln würde.

Wenn wir entschieden in dieser Liebe leben wollen, verändert dies in der Regel unseren Lebensstil nachhaltig. Viele Bereiche unseres Lebens brauchen Veränderung: unsere Gedanken, unsere Gespräche, unsere Gewohnheiten. Liebe ist erlebbar. Sie wird für jeden sichtbar, der mit ihr in Berührung kommt.

Es ist nicht einfach, den anderen zu lieben, und oft muss man persönliche Opfer bringen. Jedes Mal, wenn wir uns entscheiden, jemanden zu lieben, wird es uns etwas kosten: Zeit, Geld oder persönlichen Einsatz. Deshalb haben wir auch den Auftrag, die Kosten zu überschlagen, bevor wir eine Verpflichtung eingehen.

Andere zu lieben ist nicht abhängig von unseren Gefühlen, sondern von unserer Entscheidung.

Gottes Wort für dich:

Matthäus 23,4

Sie binden aber schwere und schwer zu tragende Lasten zusammen und legen sie auf die Schultern der Menschen, sie selbst aber wollen sie nicht mit ihrem Finger bewegen.

NIMM DEN DRUCK VON ANDEREN MENSCHEN

Wenn wir unrealistische Erwartungen haben, setzen wir, du und ich, uns selbst und andere unter Druck. Gott möchte nicht, dass wir unter diesem Druck leben.

Wir stehen in Gefahr, mehr von Menschen zu erwarten, als sie uns geben können. Wenn wir anhaltenden Druck auf die Menschen ausüben, mit denen wir eine persönliche Beziehung haben, sind diese Beziehungen letztendlich zum Scheitern verurteilt. Jeder Mensch sucht nach Liebe und Anerkennung.

Ich erinnere mich an die Jahre, in denen ich mit aller Gewalt versucht habe, meinen Mann Dave und meine Kinder zu verändern. Das waren sehr frustrierende Jahre, denn ganz gleich, was ich auch versuchte, es klappte nicht!

Wir sind Menschen, und jeder von uns benötigt den Freiraum, so zu sein, wie er ist. Wir wollen so angenommen werden, wie wir sind. Keiner von uns möchte von dem anderen die manchmal versteckte Botschaft bekommen, dass man erst dazugehört, wenn man sich ändert.

Ich meine damit nicht, dass wir Sünde im Leben anderer akzeptieren und darüber hinwegsehen sollen, sondern ich glaube, dass Gebet Veränderung bewirkt und nicht Druck. Wenn wir die Menschen lieben und für sie beten, wird Gott handeln.

Anhaltende Veränderungen beginnen immer im Inneren und werden dann nach außen hin sichtbar. Nur Gott kann diese Herzensveränderung schenken.

Wir können Menschen nicht verändern, indem wir sie unter Druck setzen oder an ihnen herumnörgeln. Nur Gebet und Gottes Liebe schenkt echte Veränderung.

Gottes Wort für dich:

1. Johannes 3,17

Wer aber irdischen Besitz hat und sieht seinen Bruder Mangel leiden und verschließt sein Herz vor ihm, wie bleibt die Liebe Gottes in ihm? Kinder, lasst uns nicht lieben mit Worten noch mit der Zunge, sondern in Tat und Wahrheit!

MIT TATEN LIEBEN

Viele Leute lieben Dinge so sehr, dass sie Menschen ausnutzen, um sie zu bekommen. Gott möchte, dass wir Menschen lieben und Dinge benutzen, um ihnen Gutes zu tun. Wenn wir unseren Besitz mit anderen teilen, hören wir auf, über Liebe nur zu sprechen, und beginnen unsere Worte in die Tat umzusetzen.

Gott hat uns ein mitfühlendes Herz gegeben, doch wir können uns entscheiden, ob wir es öffnen oder verschließen. Wir, die wir an Jesus Christus gläubig geworden sind, haben Gottes Geist in uns und Gott hat uns ein neues Herz gegeben. In Hesekiel 11,19 lesen wir, dass dieses neue Herz sensibel für Gottes Reden ist. Jeder Gläubige möchte in der Tiefe seines Herzens anderen helfen. Doch Egoismus kann uns so vereinnahmen und auf die eigenen Wünsche ausrichten, dass wir uns der Bedürfnisse um uns herum gar nicht mehr bewusst sind.

Überall auf der Welt leiden die Menschen. Manche sind arm, andere sind krank oder einsam. Andere wieder sind emotional verletzt oder brauchen geistliche Hilfe. Jede kleinste Geste der Freundlichkeit kann einer unsicheren Persönlichkeit Liebe und Wertschätzung vermitteln.

Menschen geraten oft in den Kreislauf des Immer-mehr-haben-Wollens. Dieser Strudel bringt häufig kaum oder wenig Befriedigung. Wir sollten uns dadurch auszeichnen, dass wir mit anderen teilen. Wenn wir das tun, wird Gott dafür sorgen, dass wir genug für unsere eigenen Bedürfnisse haben und dazu noch viel für andere.

Wenn wir Bedürftigen helfen, werden wir selbst reichlich gesegnet.

Gottes Wort für dich:

2. Korinther 9,9

… wie geschrieben steht: »Er [die mildtätige Person] hat ausgestreut, er hat den Armen gegeben; seine [Taten der] Gerechtigkeit [der Güte, Freundlichkeit und Wohltätigkeit] bleibt in Ewigkeit.

Gutes tun – ein Segen für jedermann

Es ist nicht nur gut, sondern auch biblisch, wenn wir uns den Armen zuwenden. Das sollte auf unserer Prioritätenliste ganz oben stehen.

Schau dich einmal um nach Menschen, die bedürftig sind, und tue ihnen Gutes. Teile das, was du hast, mit denen, die es nicht so gut haben. Doch vergiss nicht: Gutes tun ist ein Segen für jedermann. Auch für die Reichen, die Erfolgreichen und die Leute, die scheinbar alles haben.

Wir alle haben das Bedürfnis nach Ermutigung, Auferbauung, Komplimenten und Anerkennung. Oft werden wir müde und brauchen Menschen um uns herum, die uns sagen: »Du sollst wissen, dass ich dich sehr wertschätze und gut finde, was du tust.« Ich glaube, dass Gott uns segnet, damit wir anderen ein Segen sein können – nicht nur an einzelnen Orten, sondern überall, wo wir gehen und stehen! Darum investiere dich in die Armen und Reichen, die Unterdrückten und die Erfolgreichen (2. Korinther 9,6-7).

Wenn du lebst, um anderen Gutes zu tun und ihnen Freude zu bereiten, wirst du selbst »unaussprechliche Freude« in diesem Prozess erfahren (1. Petrus 1,8).

Ich möchte auf meiner Reise durch das Leben nicht nur Konsument sein, sondern vielmehr ein Gebender, der Segensspuren hinterlässt. Dazu habe ich mich entschieden. Ich möchte den Menschen helfen und bete dafür, dass du den gleichen Wunsch verspürst.

Beginne Gutes zu tun mit dem, was du hast.
Dann wird dein Brunnen nicht austrocknen.

GOTTES WORT FÜR DICH:

RÖMER 12,10

Die brüderliche Liebe untereinander [als Mitglieder einer Familie] sei herzlich. Einer komme dem anderen mit Ehrerbietung zuvor. (Luther, Übersetzung der Amplified in Klammern)

Liebe lässt dem anderen Vorrang

Um dem anderen Vorrang lassen zu können, muss man bereit sein, sich selbst zurückzunehmen und anzupassen. Es bedeutet, dass man dem anderen den Vortritt lässt oder er sich das Beste zuerst aussuchen darf. Wenn wir dem anderen den Vorrang gewähren, müssen wir jedes Mal eine Entscheidung treffen. Wir haben zwar geplant, Erster zu sein, doch dann entscheiden wir uns für den zweiten Platz. Wir haben es eilig, doch wir entscheiden uns, auf den anderen zu warten, der scheinbar ein noch größeres Bedürfnis hat.

Eine Person ist erst dann in Liebe verwurzelt und gegründet, wenn sie gelernt hat, dem anderen den Vortritt zu lassen (Epheser 3,17). Jeder, der gerne ein Leiter im Reich Gottes sein möchte, muss auch bereit sein, Diener zu sein (Matthäus 23,11).

Wir haben fast jeden Tag viele verschiedene Möglichkeiten, uns zurückzunehmen und anzupassen. Wenn wir uns allerdings nur auf unsere Pläne konzentrieren, wird es uns schwer fallen, dem anderen den Vortritt zu lassen. Doch versuche nicht nur dich anzupassen, sondern lerne dich anzupassen, ohne dabei deine positive Einstellung zu verlieren. Innerhalb dieses Prozesses lernen wir auch, in Liebe und Demut zu leben.

Jesus hat sich selbst erniedrigt und kam auf diese Erde als ein Menschensohn, damit wir gerettet werden. Wir können anderen nicht den Vorrang geben und ihnen helfen, wenn wir nicht bereit sind, seinem Vorbild entsprechend uns selbst zu demütigen.

Nur durch den Geist Gottes können wir von stolzen Individualisten zu demütigen Dienern Gottes werden und den Menschen dienen.

Gottes Wort für dich:

Apostelgeschichte 10,34

Da begann Petrus zu reden und sagte: Wahrhaftig, jetzt begreife ich, dass Gott nicht auf die Person sieht [oder parteiisch ist]. (Einheitsübersetzung)

Liebe ist unparteiisch

Wenn Liebe bedingungslos ist, dann muss sie auch unparteiisch sein.

Das bedeutet nicht, dass wir nun keine besonderen Freundschaften mehr pflegen dürfen. Natürlich verbindet uns mit manchen Menschen mehr als mit anderen. Aber wir dürfen uns nicht die Freiheit herausnehmen, die einen so zu behandeln und die anderen ganz anders. Unsere Liebe ist nicht bedingungslos, wenn wir nur zu unseren guten Freunden nett sind und uns nicht um die anderen kümmern, die für uns unwichtig oder uninteressant sind.

Gott hat mir einige wirklich gute Freunde geschenkt, mit denen ich auf gleicher »Wellenlänge« bin. Doch er hat mich auch gelehrt, jeder anderen Person mit Respekt und Wertschätzung zu begegnen, ihr zuzuhören und sie nicht kritisch zu verurteilen.

Unsere Liebe zu anderen Menschen wird offenbar durch unser Verhalten denen gegenüber, die uns nichts zu geben haben oder die für uns ganz einfach uninteressant sind und zu denen wir im Grunde keine persönliche Beziehung aufbauen möchten. Es bedarf oft einiger Opfer, den anderen wirklich zu lieben. Dem anderen den Vortritt zu lassen, das zu tun, was dem Mitmenschen gut tut und nicht nur uns, gehört zu diesen Opfern.

Im Wort Gottes lesen wir, dass Gott unparteiisch ist, dass er nicht auf die Person sieht. Wir, als die von ihm Beauftragten, sollen ebenfalls niemanden bevorzugen und unparteiisch sein.

Lass dir von Gott zeigen, wie du jeden lieben kannst,
ohne jemanden zu bevorzugen.

Gottes Wort für dich:

Galater 5,13-14

Denn ihr seid [in der Tat] zur Freiheit berufen worden, Brüder. Nur gebraucht nicht die Freiheit als Anlass für das Fleisch [oder als günstige Gelegenheit oder als Rechtfertigung für Selbstsüchteleien], sondern dient einander durch die Liebe! Denn das ganze Gesetz ist [in Bezug auf menschliche Beziehungen] in einem Wort erfüllt, in dem: »Du sollst deinen Nächsten lieben wie [du] dich selbst [liebst].«

Freiwillig Diener sein

Im Wesentlichen sagt Jesus: »Wenn du mich liebst, wirst du mir gehorchen«, (Johannes 14,21). Man kann nicht sagen: »Ich liebe Jesus« und weiterhin ungehorsam leben. Das ist eine Selbsttäuschung. Worte sind zwar etwas Wunderbares, doch echte Liebe bedarf mehr als nur Worte.

Ich liebe meinen Mann sehr, doch die Liebe findet erst darin Erfüllung, dass sie zum Ausdruck gebracht wird. Wie kann ich sagen, dass ich meinen Mann liebe, wenn ich nichts für ihn machen möchte? Es ist sehr leicht, mit dem Strom der Welt zu schwimmen, in dem jeder erwartet, dass der andere ihn bedient. Doch ich bin dazu bestimmt, stromaufwärts zu schwimmen, entgegen meiner alten Natur anderen zu dienen und ein Segen zu sein, wo ich gehe und stehe.

Jesus gab seinen Jüngern den Auftrag, den Hungrigen Essen zu geben und den Durstigen Trinken, die Nackten zu kleiden, sich um die Kranken zu kümmern und die zu besuchen, die im Gefängnis sind (Matthäus 25,34-45). Jesus sagt sehr deutlich, dass wir, wenn wir anderen nichts Gutes getan haben, auch nichts Gutes für ihn getan haben.

Wenn wir anderen dienen, setzen wir Liebe in ihnen frei. Das entwaffnet sogar hassbeseelte Menschen. Wenn wir anderen dienen, geben wir die Liebe Gottes, die wir selbst empfangen haben, weiter an Menschen, die so die Liebe Gottes empfangen und selbst wieder weitergeben.

Wenn wir anderen in Liebe dienen, wird Gott uns mit seiner Gegenwart belohnen.

GOTTES WORT FÜR DICH:

2. KORINTHER 10,3-5

Wir leben zwar in dieser Welt, kämpfen aber nicht mit den Waffen dieser Welt. Die Waffen, die wir bei unserem Feldzug einsetzen, sind nicht irdisch, aber sie haben durch Gott die Macht, Festungen zu schleifen; mit ihnen reißen wir alle hohen Gedankengebäude nieder, die sich gegen die Erkenntnis Gottes auftürmen. Wir nehmen alles Denken gefangen, so dass es Christus gehorcht. (Einheitsübersetzung)

LASS SELBSTSUCHT NICHT DEN KRIEG GEWINNEN

Es gibt keinen Zweifel daran: Wir sind mitten im Krieg. In der Bibel lesen wir, dass die Waffen unseres Kampfes nicht von dieser Welt sind, sondern sie haben durch Gott die Macht, Festungen niederzureißen. Die Festung von erkalteter Liebe, die in unserem Leben größer und größer geworden ist, muss zerstört werden.

Ich bin davon überzeugt, dass Satan geistliche Hightech-Waffen gegen die Gemeinde abgefeuert hat und Humanismus, Materialismus und die weitverbreitete Selbstsucht als Köder benutzt. Wir müssen den Kampf gegen diese Dinge gewinnen. Echte Liebe ist die einzige Möglichkeit, sie zu bekämpfen.

Wenn wir aufhören, uns um uns selbst und unsere Probleme zu drehen, und anfangen, für andere etwas tun, obwohl wir selbst leiden, so ist das eine starke Waffe, das Böse zu überwinden.

Obwohl Jesus unter großen Schmerzen am Kreuz hing, nahm er sich Zeit, den Dieb zu trösten, der neben ihm hing (Lukas 23,39-43). Während Stephanus gesteinigt wurde, betete er für die, die ihn steinigten, und bat Gott, ihnen diese Sünde nicht zuzurechnen (Apostelgeschichte 7,59-60).

Wenn die Gemeinde Jesu als sein Leib hier auf Erden den Kampf gegen Selbstsucht aufnimmt und den Weg der echten Liebe geht, wird die Welt davon Notiz nehmen.

Wenn wir den Weg der Liebe gehen, setzen wir eine geistliche Waffe ein.

Gottes Wort für dich:

Hebräer 10,24

... und lasst uns [sorgfältig] aufeinander acht haben, um uns [gegenseitig] zur Liebe und zu guten Werken [Taten] anzureizen [anzuspornen, zu ermutigen].

Sprüche 16,24

Freundliche Worte sind Honig, Süßes für die Seele und Heilung für das Gebein.

ENTWICKLE ECHTE AUSDRUCKSFORMEN DER LIEBE

Wenn wir echte Liebe zum Ausdruck bringen möchten, müssen wir lernen, unsere Liebe auch mit Worten auszudrücken. Viele Menschen brauchen jemanden, der an sie glaubt. Sie wurden durch böse Worte verletzt, doch gute Worte können wie Balsam in ihrem Leben wirken.

Unsere alte (genusssüchtige, ursprüngliche und geringere) Natur stellt immer die Fehler und Schwachheiten in den Mittelpunkt. Es scheint, als ob sie sich von dem Negativen in unserem Leben ernährt. Sie sieht in den Menschen und Situationen nur das Negative und bauscht es sogar noch auf. Doch in der Bibel lesen wir in Römer 12,21, dass wir Böses mit Gutem überwinden sollen.

Wenn wir im Geist leben (d. h., wenn wir Stück für Stück der Führung und Leitung des Heiligen Geistes, die wir in unserem eigenen Geist erkennen, folgen, anstatt von unseren Emotionen geleitet zu werden), müssen wir eine positive, bejahende Einstellung haben. Gott ist ein bejahender Gott, und wenn wir mit ihm gehen wollen, müssen wir mit ihm übereinstimmen.

Bei jedem Menschen kann man sehr leicht immer etwas Negatives entdecken. Doch die Liebe deckt viele Sünden zu: »Vor allen Dingen aber habt untereinander eine anhaltende Liebe! Denn die Liebe bedeckt eine Menge von Sünden [vergibt und achtet nicht auf die Vergehen anderer]« (1. Petrus 4,8).

Wenn wir immer das Beste von den Menschen glauben
und ihnen Worte zusprechen, die sie aufbauen,
so haben wir einen Weg gefunden, sie zu lieben.

Joyce Meyer

Über die Autorin

Seit 1972 ist Joyce Meyer als Bibellehrerin tätig, seit 1980 sogar vollzeitlich. Sie ist Bestseller-Autorin von mehr als siebzig Büchern wie zum Beispiel »Das Schlachtfeld der Gedanken« und »Süchtig nach Anerkennung«. Mit ihrer humorvollen und direkten Art bringt sie die Dinge des Alltags anhand der Bibel auf den Punkt - lebensnah, überzeugend und echt. Joyce' Radio- und Fernsehprogramme *Enjoying Everyday Life* oder *Den Alltag genießen* werden weltweit ausgestrahlt. Häufig werden die Sendungen auf den vielen Konferenzen aufgezeichnet, die Joyce jährlich abhält. Ihre Vorträge werden außerdem auch als DVDs und Audio-CDs verbreitet. Joyce und ihr Mann Dave haben vier erwachsene Kinder und leben in St. Louis, Missouri, USA.

Über Joyce Meyer Ministries (JMM)

Hilfe für Arme und Leidende

Joyce und Dave Meyers zentrales Anliegen ist es, armen und verletzen Menschen in der ganzen Welt zu helfen. Es geht darum, nicht nur zu reden, sondern auch konkret zu handeln. Darum bringt Joyce Meyer Ministries (JMM) humanitäre Hilfe in verschiedene Krisenregionen der Welt. Dies geschieht mit über 13 internationalen Büros und in Zusammenarbeit mit über 50 weltweit tätigen Missionsgesellschaften.
Auf diese Weise werden über fünf Millionen Mahlzeiten in den Hungerregionen der Welt ausgegeben, über 40 Waisenheime in armen Ländern unterhalten, Dörfer mit sauberem Trinkwasser versorgt und Tausende von Gefängnisinsassen unterstützt. Außerdem gründet und fördert JMM Gemeinden in Ländern, wo Christen unter Verfolgung leiden, bietet medizinische Hilfe und hilft alten wie jungen Menschen in den »Ghettos« von Großstädten, wie mit dem Dream Center in St. Louis.

TV und Radio

Die *Enjoying Everyday Life* (*Den Alltag genießen*) Sendungen in Radio und Fernsehen erreichen täglich Hunderttausende weltweit. Im September 1993 wurde das Programm wöchentlich auf zwei Kanälen ausgestrahlt. Heute kann *Enjoying Everyday Life* täglich und wöchentlich auf über 507 Kanälen, darunter mehrere große Kabel- und Satelliten-Stationen, weltweit empfangen werden und außerdem auf www.joyce-meyer.de rund um die Uhr. Das Programm wird mittlerweile auch in weitere Sprachen, unter anderem Deutsch, übersetzt und kann sogar in der arabischen Welt empfangen werden. So wird das Evangelium täglich weltweit verbreitet.

Konferenzen

Konferenzen quer durch die USA (bis zu 14 im Jahr) und auch im Ausland sind nach wie vor Joyce' Leidenschaft. Die Menschen kommen in Scharen, und Joyce predigt das Wort Gottes und gibt praktische Lebenshilfe in der ihr eigenen direkten und humorvollen Art. Gleichzeitig werden diese Konferenzen für Fernsehsendungen aufgezeichnet.

www.joyce-meyer.de

Treffen Sie JMM im Internet. Infos, Videos, Kontaktmöglichkeit, weitere Bücher, DVDs und CDs bestellen und vieles mehr.

Joyce Meyers persönliches Geschenk an Sie

Als Leser dieses Buches können Sie jetzt eine kostenlose Vortrags-CD von Joyce Meyer erhalten. Einfach diesen Gutschein-Code [BK0706] mit Ihrer Anschrift versehen und an

Joyce Meyer Ministries
Postfach 76 10 01
D-22060 Hamburg

schicken, oder ins Internet gehen unter
www.joyce-meyer.de/geschenk .

Dort Adresse und Gutschein-Code eingeben, abschicken.

Weitere Bücher von Joyce Meyer

Das Schlachtfeld der Gedanken
Gewinne die Schlacht in deinem Verstand
Ca. 276 Seiten, Pb, Euro 17,- [D], 17,50 [A], sFr 29,90,
ISBN 3-939627-00-3 / 978-3-939627-00-5
Ein wahrer Bestseller. Mit diesem Buch hat Joyce Meyer Millionen geholfen, ihre Gedankenwelt in göttliche Bahnen zu lenken. Gedanken von Sorgen, Furcht und Zweifel müssen nicht mehr ihr ungehindertes Spiel mit Ihnen treiben. Fangen Sie an darüber nachzudenken, worüber Sie nachdenken, und erneuern Sie ihr Denken mit dem Wort Gottes. Ihr Leben wird sich drastisch positiv verändern. Die Wahrheit macht frei.

Süchtig nach Anerkennung
Hör auf, allen gefallen zu wollen
Ca. 297 Seiten, Pb, Euro 16,- [D], 16,50 [A], sFr 28,-,
ISBN 3-939627-01-1 / 978-3-939627-01-2
Ist es Ihnen wichtiger was andere über Sie denken, als was Gott über Sie denkt?
Fühlen Sie sich unsicher in Ihren Entscheidungen? Brauchen Sie ständig Bestätigung von anderen für das, was Sie tun? Dann sind Sie höchstwahrscheinlich süchtig nach Anerkennung. Joyce Meyer zeigt einen Weg auf, sich selbst zu finden, zu akzeptieren, wer man ist und sich auf Gott zu verlassen. Die Botschaft ist, dass Gott uns alle Anerkennung gibt, die wir brauchen.

Der richtige Start in den Tag
Andachten für jeden Morgen
Ca. 396 Seiten, Hardcover, Euro 15,- [D], 15,50 [A], sFr 26,50, ISBN 3-939627-02-X / 978-3-939627-02-9
Ein neuer Tag – Was gibt's Neues? – Gottes Gnade ist jeden Morgen neu. Finden Sie es heraus. In kurzen, knackigen Andachten gibt Joyce Meyer einen Gedankenanstoß pro Tag mit einem passenden Bibelvers und seiner praktische Umsetzung im Alltag. Herausfordernd, humorvoll, anregend.

Die geheime Kraft von Gottes Wort in deinem Mund
Ca. 173 Seiten, Hardcover, Euro 13,50 [D], 13,90 [A], sFr 24,-, ISBN 3-939627-03-8 / 978-3-939627-03-6
Während ihres Lebens und Dienstes hat Joyce Meyer wiederholt die schöpferische Kraft erfahren, die im Aussprechen des Wortes Gottes liegt. In diesem Buch trägt sie die wichtigsten Verheißungen und Bekenntnisse aus der Bibel für verschiedenste Lebensumstände zusammen: Bekenntnisse für Eltern, Singles und Familien, und was die Bibel über Ärger, Sorge und gesellschaftliche Verantwortung sagt. Gottes Wort in deinem Mund im Alltag angewandt wird dein Leben verändern.

Traum statt Trauma
Tipps für lebenslanges Eheglück
Ca. 380 Seiten, Pb, Euro 17,- [D], 17,50 [A], sFr 29,90, ISBN 3-939627-04-6 / 978-3-939627-04-3
»Unsere Ehen sollen ein Triumph und keine Tragödie sein,« sagt Joyce Meyer, die selber mehr als 30 Jahre verheiratet ist. Gott bietet uns praktische Hilfe durch sein Wort, damit Ehen zu dem werden können, wozu er sie erdacht hat. Egal ob 30 Tage oder 30 Jahre verheiratet, ob noch Single, ob in einer Ehekrise oder einfach nur bemüht, die Ehe zu verbessern. In diesem Buch findet der Leser biblische Prinzipien und viele praktische Tipps zur »Traum-Ehe«.

Heilung für zerbrochene Herzen
Erlebe Wiederherstellung durch die Kraft des Wortes Gottes
Ca. 110 Seiten, Pb, Euro 9,80 [D], 10,- [A], sFr 17,90,
ISBN 3-939627-05-4 / 978-3-939627-05-0
Gott hat einen wunderbaren Plan für unser Leben, aber oft fällt es uns schwer dies zu glauben und zu erleben, weil uns Verletzungen aus der Vergangenheit plagen und uns gefangen halten. Dieses Buch gibt Antwort. Lernen Sie, wie Gott Sie sieht. Sie werden erleben, wie Seine Liebe Sie zur Ruhe bringt, Hoffnung für die Zukunft gibt und Ihr verwundetes Herz heilt.

Freu dich des Lebens auf dem Weg zum Ziel
Ca. 221 Seiten, Pb,
Euro 13,80 [D], 14,20 [A], sFr 24,60
ISBN 3-939627-06-2 / 978-3-939627-06-7
Kennen Sie das? - »Wenn dieses und jenes endlich in meinem Leben eintritt, dann werde ich mich freuen.« So hat wohl jeder schon mal gedacht. Joyce Meyer zeigt den biblischen Weg, wie man zu einer beständigen Freude findet, die einen unabhängig von Umständen und (un)erfüllten Wünschen das Leben genießen lässt.

Schlüssel zum außergewöhnlichen Leben -
Verwandle dein Leben mit der Frucht des Geistes
Ca. 260 Seiten, Pb,
Euro 13,50 [D], 13,90 [A], sFr 24,-
ISBN 3-939627-08-9 / 978-3-939627-08-1
Gott möchte, dass Liebe, Freude und Frieden in unserem Leben wachsen, ebenso Geduld, Sanftmut und Güte, Treue, Demut und Selbstbeherrschung. Lernen Sie das Geheimnis von geistlichem Wachstum kennen. Und Sie werden sehen, wie Ihr Leben die Welt um Sie herum positiv beeinflussen wird.

Gut aussehen. Gut fühlen
12 Schlüssel für ein gesundes, erfülltes Leben
Ca. 256 Seiten, Pb,
Euro 14,50 [D], 14,90 [A], sFr 25,70
ISBN 3-939627-09-7 / 978-3-939627-09-8
New York Times Bestseller
Sie sind unendlich wertvoll für Gott! Dennoch haben viele Menschen ein niedriges Selbstwertgefühl und gehen auch entsprechend nachlässig mit ihrem Körper um. Joyce Meyers 12-Punkte-Plan führt Sie durch überraschende biblische Erkenntnisse sowie praktische Tipps für einen gesunden, entspannten Lebensstil, damit Sie sich gut fühlen und obendrein noch gut aussehen.

Jetzt mal Klartext
Gefühlskämpfe überwinden durch die Kraft des Wortes Gottes
Ca. 418, Hardcover,
Euro 19,- [D], 19,60 [A], sFr 33,20
ISBN 3-939627-10-0 / 978-3-939627-10-4
Joyce Meyer sagt Angst, Einsamkeit und Sorgen den Kampf an. Niemand muss sich durch negative Gefühle klein kriegen lassen. In *Jetzt mal Klartext* liefert Joyce erfrischende, lebensverändernde Einsichten, mit Geschichten aus ihrem persönlichen Leben, praktischen Ratschlägen, alles untermauert mit Bibelstellen.

Schreiben Sie uns!

Was hat Ihnen dieses Buch konkret gebracht? Haben Sie Anregungen? Möchten Sie Joyce Meyer Ministries etwas mitteilen? Dann schreiben Sie uns.

Joyce Meyer Ministries
Postfach 76 10 01
D-22060 Hamburg